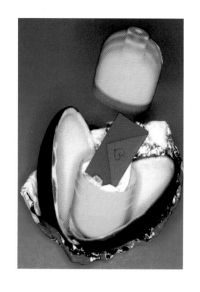

Das Leben

Die schönsten Beiträge des

steckt voller

Brigitte YOUNG MISS-Wettbewerbs

Überraschungen

Brigitte
YOUNG MISS

Rowohlt Taschenbuch Verlag

Redaktion Susanne Koppe

Originalausgabe
Veröffentlicht im Rowohlt Taschenbuch
Verlag GmbH, Reinbek bei Hamburg,
Juni 2001
Copyright © 2001 by Rowohlt Taschenbuch
Verlag GmbH, Reinbek bei Hamburg
Alle Rechte vorbehalten
Umschlagfoto Alexander Kempf
Umschlaggestaltung Barbara Hanke
Typographie und Layout Christina Modi
Lithographie Grafische Werkstatt
Christian Kreher, Hamburg
Satz Photina MT PostScript,
QuarkXPress 4.1
Gesamtherstellung Clausen & Bosse, Leck
Printed in Germany
ISBN 3 499 21168 8

Die Schreibweise entspricht den Regeln
der neuen Rechtschreibung.

Inhalt

DIE ABSCHAFFUNG DER KÄLTE 91

ER GEFIEL MIR VON ANFANG AN 121

Vorwort

So hieß das Thema des zweiten großen Literatur- und Fotowettbewerbs von YOUNG MISS. Was für uns die größte Überraschung in den vergangenen Wochen war? Die unglaublich schönen, ungewöhnlichen und so unterschiedlichen Ideen, die uns alle Teilnehmer schickten. Und die Berge von Post, die wir vom ersten Tag an nach unserem Wettbewerbs-Aufruf bekamen. Wir konnten gar nicht aufhören, die vielen Fotos und Kurzgeschichten zu sichten und zu bewerten. Es hat riesigen Spaß gemacht. Vielen, vielen Dank an alle fürs Mitmachen und für die Liebe und das Engagement, die ihr in eure Arbeiten gesteckt habt.

Für dieses Buch wurden die schönsten Beiträge aus dem Wettbewerb zusammengestellt.

Nun wünschen wir euch viel Spaß beim Lesen und Gucken.

Ihr werdet genauso überrascht sein wie wir. Versprochen!

Eure
Anne Coppenrath, Chefredakteurin,
und das ganze YOUNG MISS-Team

Dörte Lange Mich überrascht ... ➤ ➤

Tina Grone

Das Paket

Ich liege im Bett. Ich nehme den Weihnachtsmann, wickele ihn aus dem Alupapier. Dann zerbricht er ganz langsam in der Faust meiner linken Hand. Kopf- und Fußteil fallen oben und unten aus der geballten Hand, der Rest wird zermahlen. Die Teile liegen auf dem Silbertablett, und einige kleben an meinen Fingern. Ich bin unzufrieden. Sehr.

Das Paket wurde weggeschickt. Es wurde aufgegeben in einem kleinen Postamt in einem kleinen norddeutschen Dorf, das wieder wächst, weil die Bauplätze so günstig sind. In einem der Häuser, die jetzt von den Neubauten umzingelt sind, hatte ich mit meinen Eltern gewohnt. Sie wohnen immer noch dort.

Ein Postmann sitzt gerade irgendwo zwischen Hessen und Nordsee in einem der Verteilerzentren, die in den Peripherien von ganz Deutschland entstanden sind, und isst Marmelade von meiner Lieblingsoma. Ich kann mir vorstellen, wie gut sie schmeckt. Die Früchte, meistens Johannisbeeren, haben das Saure vom Landleben und den Duft der Küche nach süßem Fruchtsaft in sich.

Er sitzt im Warmen. Mit ganz roten Wangen, gleich bekommt er Schluckauf, weil er die eingelegten Kürbisse auch

Janna Dirks - - - - - **S M S** - -

noch isst. Die hätte er besser vorher essen sollen, aber er hört mich nicht. Stattdessen probiert er die Ohrringe, die mir die Schwester zu Weihnachten geschenkt hat. Mit dem neuen Luxus-Make-up verheimlicht er seine roten, vom vielen Essen erhitzten Wangen. Damit die anderen nicht sehen, was er getan hat.

Die Ohrringe findet er albern, sie baumeln bis zu den Schultern. Seine Frau wird sie nicht mögen. Aber den Lippenstift nimmt er mit. Als Präsent. Der Lippenstift ist original verpackt, wurde noch nie benutzt, tiefdunkelrot in einer goldenen Verpackung in organischer Form mit einem herausdrehbaren Spiegel in der Hülle.

Und dann ist da noch das Buch, ein gutes Buch von einem Japaner, es handelt vom 100 %igen Mädchen. Er steckt es in die Aktentasche und denkt an Lektüre für gewisse Stunden. Mit dem anderen Buch kann er nichts anfangen. Es ist auch kein richtiges Buch, sondern nur zusammengeheftete Kopien. Ich brauche sie. Er nicht. Er wundert sich vielmehr, dass jemand so genau alle Bewegungen eines Menschen, eines Standardmenschen, vermessen hat, nur um zu wissen, wie viel Platz dieser Mensch für seine Bewegungen braucht.

Die Zartbitterschokolade steckt er ein. Er kann jetzt nicht noch mehr essen. Die Gläser sind schon leer. Nur das Apfelmus bleibt stehen. Es ist ihm zu sauer, ohne Zucker. So, wie ich es gerne esse. Fast so gesund wie ein Apfel, vielleicht nicht ganz so viele Vitamine wegen des Abkochens. Aber praktisch, wenn man nicht schälen und schneiden möchte.

Außerdem sieht der Postmann noch ein orangefarbenes

Diese Geschichte beginnt hier und läuft
am unteren Seitenrand durch das gesamte Buch.

Fremdwörterbuch, das er in das Regal zu den anderen Nachschlagewerken stellt. «Man weiß ja nie.»

Dort fällt es auf, weil es nicht gelb ist – also doch in den Müll. Zum Altpapier. Ich schlage die Hände über dem Kopf zusammen und denke an die mit unverständlichen lateinischen und griechischen Wörtern gespickten Uni-Texte. Aber der satte Postmann denkt das nicht.

Dann nimmt er noch das Pfund schwarzen Tee in die Hand und guckt auf den Absender des Paketes. «Ostfriesland!»

Ich trinke Beuteltee. Schmeckt nach Papier, ist aber günstig. Annehmbar mit Milch.

Er wirft die blaue Tüte weg. «Blöde Feierei, und wir sollen alles transportieren.»

Das Paket war ein Geschenk für den Postmann. Ich habe die letzten Krümel von meinem Weihnachtsmann auf der Zunge zergehen lassen.

Ich vermisse nichts mehr, manchmal frage ich mich, ob das 100 %ige Mädchen jetzt die silbernen Ohrringe trägt, die mir die Schwester zu Weihnachten geschenkt hat. Und wie die Frau des Postmanns mit dem Lippenstift aussieht oder was sie sonst damit gemacht hat. Ich liege in meinem Bett, kann die grünen Hügel hinter der grauen Stadt sehen und denke an alles. Es klingelt. Vor der Tür steht die Nachbarin aus dem Erdgeschoss rechts, eine nette alte Frau. Sie hat ein Paket in der Hand.

0177/8765432 _ :

– – – *Miep* – – – *Miep* – – –

So nimmt die Geschichte ihren Lauf.

CRAZY

Es war einer dieser Morgen

Sarah Kluge

Charlotte

Charlotte öffnet die Augen. Heute ist ihr sechzehnter Geburtstag. Eigentlich ist ihr das egal, denn die bloße Änderung einer Zahl wird nichts daran ändern, dass sie zu viele Pickel, Haar von der Farbe einer toten Ratte und noch langweiligere blassgrüne Augen hat.

Charlottes Eltern hingegen halten diesen Geburtstag seltsamerweise für sehr bedeutsam. Jedenfalls hat ihre Mutter den Tag mit roter Farbe im Kalender angestrichen. Etwas, was sie sonst nur mit dem Termin für den alljährlichen Zahnarztbesuch tut.

Seufzend arbeitet Charlotte sich unter ihrer Bettdecke hervor und macht sich auf den Weg in die Küche, um Kaffee zu kochen. Wenigstens ist heute Samstag: keine Schule.

Als sie die Treppe hinuntergeht, hört sie die Stimmen ihrer Eltern schon durch die Tür. Klingt nach Streit und schlechter Laune. Na toll. Hoffentlich versauen sie ihr nicht den ganzen Morgen mit irgendwelchen Moralpredigten über die Verantwortung, die sie als Sechzehnjährige nun wahrscheinlich in ihren Augen trägt, oder über die Babys, die die Jugendlichen heute ja scheinbar an jeder Ecke kriegen, oder über weiß der Himmel, wovor sie sich sonst noch alles in Acht nehmen soll.

Doch als Charlotte die Küche betritt, bleibt sie vorerst verschont. Die Eltern schauen zwar kurz in ihre Richtung, vertiefen sich dann aber wieder in ihr Gespräch, wenn auch sehr

0177/8765432_:

Ich kann heut nicht. sorry.

viel leiser als vorher. Entweder wollen sie mit den Vorträgen warten, bis die ganze Familie wie jedes Jahr an ihrem Geburtstag im Café sitzt, oder sie werden anfangen, sobald Charlotte mit dem Frühstück beginnt. Dass sie heute nicht um ein «ernsthaftes Gespräch» herumkommen wird, sieht sie schon an der Art, mit der ihre Eltern immer wieder kurz zu ihr hinblicken. Na gut, wenn es wirklich sein muss, bringt sie es am besten sofort hinter sich, dann hat sie den Rest des Tages ihre Ruhe.

«Morgen Mama, Morgen Papa», murmelt sie und lässt sich am Tisch nieder.

«Charlotte, wir müssen mit dir reden», sagt ihre Mutter. Charlotte bereitet sich geistig schon mal darauf vor, ein interessiertes Gesicht aufzusetzen und einsichtig zu nicken, um das Ganze nicht unnötig zu verlängern.

«Charlotte, was wir dir gleich erzählen werden, ist sehr wichtig. Also hör bitte gut zu.»

Charlotte nickt und fängt an zu überlegen, was sie heute wohl im Fernsehen anschauen könnte. Ihr Vater holt tief Atem.

«Äh ... tja, nun ja, ich weiß nicht so recht, wie wir dir das beibringen sollen ...»

Was ist denn jetzt los, normalerweise hat ihr Vater nie Probleme, sie mit Vorschriften und Warnungen zu konfrontieren, und auf einmal weiß er nicht mehr, was er sagen soll? Charlotte schaut, inzwischen ein wenig interessierter, zu ihrer Mutter, die ihren Mann stirnrunzelnd ansieht: «Nun, Kind, da dein Vater es offenbar nicht über die Lippen bringt, muss ich es dir wohl erzählen. Wir alle sind schwarze Elfen.»

«Wir alle?»

Mehr fällt Charlotte dazu im ersten Augenblick nicht ein. Wollen die sie etwa verarschen? Elfen! Aber als sie ihre Eltern forschend anblickt, ist keine Spur von Humor in deren Mienen zu sehen.

«Wir alle, du, dein Vater und ich, sind schwarze Elfen. Zusammen mit einer weiteren Person mussten wir vor deiner Geburt für einige Zeit aus unserem Reich in diese Welt fliehen. Leider haben wir dabei unseren Begleiter verloren und konnten danach nicht mehr zurückkehren: Zu zweit bringen wir nicht genügend Kraft für das Ritual auf. In den letzten siebzehn Jahren haben wir unsere wahre Gestalt verstecken müssen, während wir nach unserem Begleiter suchten.»

«Äh ... und wieso erzählt ihr mir das jetzt?»

Charlotte ist sich nicht mehr ganz sicher, ob mit ihren Eltern noch alles in Ordnung ist. Wollen die beiden ihr auf eine besonders drastische Weise zeigen, dass sie mit ihrem Literaturgeschmack nicht einverstanden sind? Darüber beschweren sie sich schließlich schon die ganze Zeit. Diesen Gedanken verwirft Charlotte jedoch schnell wieder, denn zu so etwas fehlt ihren Eltern einfach der Humor.

«Der Grund, weswegen wir dir heute alles erzählen ...», sagt ihre Mutter gerade, «ist folgender: Wir haben vor zwei Wochen unseren damaligen Begleiter wieder entdeckt. Heute Nacht ist Vollmond, ein idealer Zeitpunkt für eine Rückkehr nach Hause.»

Charlotte starrt ihre Eltern an. Bis heute Morgen hatten sie immer vollkommen normal gewirkt. Manchmal ein wenig zu streng, aber im Großen und Ganzen doch normal.

«Lia, sie glaubt uns nicht», murmelt ihr Vater der Mutter

zu. Damit hat er den Nagel auf den Kopf getroffen. Charlotte glaubt ihnen kein Wort.

«Das war zu erwarten», sagt ihre Mutter daraufhin. «Aber ihre eigene Enttarnung wird sie schon überzeugen.»

Mit diesen Worten dreht sie sich um und ruft etwas in einer fremden Sprache in Richtung Wohnzimmer. Daraufhin tritt jemand in die Küche, der nach Charlottes Einschätzung entweder wirklich das ist, was ihre Eltern zu sein behaupten, oder aber eine sehr überzeugende Verkleidung trägt.

Er – zumindest scheint es ein Er zu sein – hat tiefschwarze Haut und ebenso schwarze spitze Ohren, die aus einem weißen Haarschopf hervorragen, der einen Friseurbesuch vertragen könnte. Löchrige Jeans und ausgelatschte Turnschuhe lassen ihn allerdings etwas weniger geheimnisvoll wirken.

Charlotte versucht gerade zu akzeptieren, dass sie an Halluzinationen und Wahnvorstellungen leidet, als die Mutter ihren linken und der Vater ihren rechten Arm ergreifen. Der seltsame Fremde zieht einen langen dünnen Stab aus seinem Ärmel und deutet damit auf sie. Sein fein geschnittenes Gesicht ist zu einer konzentrierten Grimasse verzogen, während er monoton vor sich hin murmelt.

Charlotte hat inzwischen beschlossen, dass die beiden Leute, die sie da festhalten, auf keinen Fall ihre Eltern sein können. Sie müssen Aliens sein, die die Menschheit versklaven wollen. Gerade als sie so weit ist, diese Entdeckung den Aliens lauthals zu verkünden, wird ihr erst furchtbar schwindelig, dann schwarz vor Augen.

Als Charlotte wieder zu sich kommt, sieht sie die Gesichter ihrer Eltern, nein, halt, die Gesichter der beiden Aliens, und des Fremden auf sich herabschauen. Sie liegt in der halb vollen, heißen Badewanne. Es ist blendend hell, und Charlotte muss ihre Augen zu Schlitzen verengen.

«Er kommt wieder zu sich», hört sie jemanden sagen.

Er? Von wem reden die denn da? Ist hier noch jemand ohnmächtig geworden?

«Charlotte, Kind, wie geht es dir? Setz dich auf.» Mit diesen Worten bringt ihre Mutter, oder wer immer sie in Wirklichkeit ist, Charlotte in eine sitzende Position.

«Wie lange ... ?», murmelt sie, noch immer leicht desorientiert. «Was ... ?»

«Du bist in der Badewanne. Wir mussten dich aufwärmen. Es scheint, als hättest du beim Lösen des Tarnzaubers einen kleinen Schock erlitten.»

Tarnzauber? Charlotte schaut an sich herab und fällt beinahe wieder in Ohnmacht. Ihre Haut ist nun genauso schwarz wie die des seltsamen Fremden mit dem Stab. Die Haare, die sich auf ihrer Schulter ringeln, sind schneeweiß. Wahrscheinlich sind auch ihre Ohren spitz. Was sie jedoch ganz aus der Fassung bringt, ist die Tatsache, dass ihr auf einmal ein paar wichtige Dinge fehlen, die sie vor ihrer Ohnmacht noch gehabt hatte. Zum Beispiel ihr Busen. Der Körper, auf den sie heruntersieht, ist der eines Jungen!

Gerade als Charlotte einen hysterischen Schreikrampf zu bekommen droht, kippt ihm seine Mutter einen Eimer eiskaltes Wasser ins Gesicht. Erschrocken quiekt er auf und verlegt sich dann darauf, seine Eltern verschreckt anzustarren und auf eine Erklärung zu warten.

Seine Mutter sieht allerdings nicht besonders erklärungsfreudig aus, auch nicht sehr glücklich. Sein Vater seufzt schließlich leise auf und ringt sich ein paar kurze Sätze ab.

«Wir, hm ... wir hielten es für sicherer, dich schon vor deiner Geburt mit einem Tarnzauber zu belegen, und, äh ... wir wussten doch damals noch nicht, ob du ein Junge oder ein Mädchen sein würdest. Aber deine Mutter war sich so sicher, dass ...» Er stockt und blickt unsicher zu Charlottes Mutter, die jetzt noch unglücklicher aussieht. Dann zu dem Fremden, der nur mit den schmalen Schultern zuckt und gelassen erklärt:

«Ist wohl nicht mehr zu ändern. Aber dafür kannst du jetzt im Stehen pinkeln, das ist doch auch nicht schlecht.»

0177/8765432_:

ich hab heut keine zeit. muss doch noch weg.

Georg Lenz Shopping

Miriam Günkel

Theo hasst Gewitter

Auf den letzten Metern zu seinem Haus wurden Theos Schritte immer schneller. Er wollte daheim sein, bevor das Gewitter loslegte. Und er wusste, dass es gleich loslegen würde, er hatte das im Gefühl.

«Noch ein paar Meter. Puhh! Geschafft!»

Theo stand vor seiner Haustür und ärgerte sich über sie. Wobei «sie» für zwei Dinge stand: einmal für die Tür selbst. Diese war nämlich zu klein. Jedes Mal stieß Theo sich daran den Kopf. Zum anderen meinte «sie» auch noch Elli. Sie war so begeistert von der Tür gewesen und hatte sie einbauen lassen. Nur für Theo − warum, das hatte er nie ganz verstanden.

Die Tür fiel hinter Theo zu. Er war froh, endlich daheim zu sein. Draußen war es schön gewesen, er hatte viele Bekannte getroffen. Aber ein Gewitter ohne Dach über dem Kopf musste ja wirklich nicht sein. Theo hasste Gewitter. Dieses Donnern war, wie er fand, einfach zu viel für seine empfindlichen Ohren. Genauso wie die ganzen Knaller an Silvester. Er wusste einfach nicht, was die Leute an diesem Rumgeballer fanden.

Theo machte seinen gewohnten Kontrollgang durch das Haus. Checken, ob auch alles noch an seinem Platz war. Als Letztes ging er in die Küche. Elli musste zwischendurch daheim gewesen sein, sie hatte ihm etwas zu essen hingestellt.

0177 / 1 2 3 4 5 6 7 8 :

WEG? WAS HEISST DENN BITTE WEG?

Theo freute sich darüber, er war nach seiner langen Tour durch das Dorf ziemlich hungrig. Hastig schlang er alles hinunter, fläzte sich auf die Couch im Wohnzimmer und wollte den Fernseher anschalten. Aber Elli hatte mal wieder die Fernbedienung versteckt. Sie fand das wohl lustig! Jedes Mal, bevor sie ohne ihn wegging, versteckte sie die Fernbedienung! «Sonst guckst du zu viel Fernsehen!», sagte sie immer. Darauf antwortete er gar nicht erst, hätte eh keinen Zweck gehabt. Wenn Elli einen Entschluss gefasst hatte, war sie nicht mehr davon abzubringen.

Sonst war Elli eigentlich ganz okay. Sie sagte nichts, wenn er mal etwas später nach Hause kam oder unangemeldet Freunde mitbrachte. Das Einzige, was Theo an Elli richtig störte, war ihr komischer Humor, den verstand er einfach nicht. «Na ja, was soll's!», dachte er sich. «Warte ich halt, bis sie wieder da ist. Kann ja auch ohne Fernseher ganz schön sein.»

Doch nach kurzer Zeit schlief Theo vor Erschöpfung ein. Er träumte, er müsse Schafe hüten. Irgendwo, wo es nur ihn, die Schafe und Tausende von Hügeln gab. Kein Baum, kein Haus, nichts. Außer den Schafen, den Hügeln und ihm.

Als er wieder aufwachte, wunderte er sich über seinen Traum. Er kannte die Landschaft, aber er war sich sicher, noch nie dort gewesen zu sein. Sehr viel weiter kam er nicht mit seinen Gedanken, denn er hörte, wie jemand den Schlüssel ins Schloss steckte und umdrehte. Das musste Elli sein. Schnell sprang er vom Sofa: Elli mochte es nicht, wenn er sich auf das Sofa legte.

«Theo», hörte er sie da schon rufen, «Theo, komm mein Hündchen …»

0 1 7 7 / 8 7 6 5 4 3 2 _ :

muss noch was erledigen. biste sauer?

Sonja Meyer Crash

Daniel Hofer Flugzeit

0177/12345678 :

ICH SAUER? ACH WO. WENN DU KEINE ZEIT HAST –
BITTE.

Christopher Klages

Es war einer dieser Morgen

Es war einer dieser Morgen, an denen Vico Aufstehen mal wieder völlig überflüssig fand. Dennoch schleppte er sich aus dem Bett, streckte seine Gliedmaßen gen Himmel und machte sich auf den allmorgendlichen Weg ins Bad.

Dort angekommen, ging er auf die Bedürfnisse seines Körpers ein und wollte seine übervolle Blase leeren. Doch zu seiner Verwunderung war es nicht der altbekannte, vom Körper eigens produzierte Morgenurin, der in die frisch geputzte Porzellanschüssel tröpfelte, sondern vielmehr bahnten sich circa eineinhalb Zentimeter große, kokonartige Zäpfchen durch seine Harnröhre den Weg ins Freie. Vico verspürte keinerlei Schmerzen dabei, stellte sich die Frage, wie so etwas sein konnte. Er vermutete Nierensteine, doch hatte er noch nie davon gehört, dass diese durch das Urinieren freigesetzt werden können.

Noch bevor die angeblichen Nierensteine den Grund der Kloschüssel erreicht hatten, konnte Vico eine der faszinierendsten Metamorphosen beobachten, die die Natur je geschaffen hatte. Die mutmaßlichen «Schädlinge» verwandelten sich in wunderschöne Schmetterlinge, die noch im gleichen Moment durch das offene Fenster ins Freie flogen.

Da Vico von Natur aus mit großer Toleranz ausgestattet war, störte er sich nicht weiter daran und ging im Rahmen seines natürlichen Tagesrhythmus zu Punkt zwei über: Frühstück. Noch mit Schlaf in den Knochen schlurfte er in die Küche und füllte die Kaffeemaschine mit Wasser, einem Filter und dem dazugehörigen Kaffeepulver. Mit dem Druck auf den Ein- und Ausschalter der Maschine vollendete er diese Handlung. Bald würde er den Morgen mit einer schönen Tasse frisch gebrühtem Kaffee angemessen begrüßen können.

Um die Wartezeit auf das heiß geliebte Getränk zu verkürzen, entschloss Vico sich, seinem zweiten Laster nachzugehen, und steckte sich genüsslich eine Zigarette an. Doch irgendetwas stimmte nicht. Jedes Mal, wenn er an der Zigarette zog, gab sie einen Furcht einflößenden Schrei von sich. Hastig drückte er sie im Aschenbecher aus, der gleich mit in das Geschrei einstimmte.

Das Ganze war so laut, dass er kaum hörte, wie die Kaffeemaschine in einer Art Sprechgesang verkündete, dass der Kaffee bald fertig sein würde. Der Toaster unterlegte das ganze Geschehen mit rhythmischem Geklapper.

Da Vico nun aber zu der Sorte Mensch gehörte, die ihren Tag gern in aller Ruhe angingen, verzichtete er auf sein Frühstück, streifte sich einen Parka über und verließ seinen Bauwagen. Dabei bemerkte er nicht, dass ihm der Toaster, die Kaffeemaschine, der Aschenbecher, die Zigaretten und gut ein Dutzend Tassen folgten. Im Park kam er bald an eine Stelle, die ihm als guter Freund schon lange bekannt war. Mit einem freundlichen, aber bestimmten «Hallo», begrüßte er sie und setzte sich unter einen Baum, der sich nach einem kurzen Nicken wieder anderen Dingen zuwandte.

Nachdem Vico eine Weile dort gesessen hatte, wurde ihm langweilig, und er begann, mittels seiner Hände und seiner psychischen Kräfte Mikrouniversen zu erschaffen. Doch plötzliches lautes Geschepper ließ ihn so sehr erschrecken, dass er eines seiner soeben kreierten Universen fallen ließ. Es zerplatzte in tausend winzige Scherben, welchen kurz darauf winzige Beine wuchsen. Eilig machten sie sich aus dem Staub.

Als sich Vico umsah, erblickte er die Ursache des Gescheppers: Sein Kücheninventar hatte sich ihm an die Fersen geheftet. Offensichtlich waren die Tassen auf das Kabel des Toasters getreten, hatten das Gleichgewicht verloren und waren dann mit wahnsinniger Geschwindigkeit hart auf den Boden geschlagen. Zu seiner Verwunderung stellte Vico fest, dass sich keine der Tassen etwas getan hatte, und so stellte er den ganzen Gerätehaufen zur Rede.

Sie beichteten ihm, dass sie ihn mit einem gemeinsamen Frühstück im Park hatten überraschen wollen, um sich so für den Vorfall am Morgen zu entschuldigen. Nach einem kurzen Moment völliger Stille fing Vico an zu lachen, kurz darauf stimmten alle ein, und sogar der Baum, unter dem Vico saß, konnte sich ein Lächeln nicht verkneifen.

So kam es, dass die lustige Gruppe einen wunderschönen Nachmittag im Park verbrachte, der noch durch eine echte Überraschung gekrönt wurde: Der Baum spielte ihnen etwas auf seiner Heimorgel vor.

0177/8765432_:

du bist doch sauer.

Jakob Proyer Moving

Nadja Lauterbach

Französische Revolution + 4667 Jahre

Piiiep ...!

Pah, schon wieder das Telefon. Seit ich zu Hause bin, hält das schwarze Ding nicht einmal still. Billy ruft an, Claudi, auch Ben. Sie alle schwitzen über ihren Hausaufgaben und fragen, ob ich vielleicht wüsste, wie man «to have» im «future II» konjugiert. Zufällig weiß ich es und erkläre nun also zum x-ten Mal, dass es «will have had» heißt. Wenn es doch nur bei dieser Erklärung bliebe, aber nein – immer quassele ich noch eine Weile. Dabei ist es schade, dass ich gerade jetzt unterbrochen werde. Mir war eben so ein genialer Einleitungssatz für meinen Deutsch-Aufsatz eingefallen.

Piiiep!

Wer wird es diesmal sein?

«Ja, guten Tag, hier spricht Nadja», höre ich mich selbst sagen.

Komisch, niemand antwortet.

«Hallo, wer ist da?!»

Mehrmals rufe ich die Frage in den Telefonhörer hinein. Wieder nichts. Dann ein ohrenbetäubendes Geräusch. Es pfeift und piept entsetzlich.

«Stellen Sie doch bitte Ihr Faxgerät ab», brülle ich jetzt.

«Mein was?», höre ich plötzlich. Endlich ist da nicht mehr dieser schrille, hohe Ton.

0177 / 1 2 3 4 5 6 7 8 :

NEE. WENN DU MEINST, DASS ES COOL IS, UNSEREN EIN-
ZIGEN ABEND IN DER WOCHE ZU CANCELN, MACH RUHIG.

Yvonne Berger Aquarium

«Verzeihen Sie», sagt die eindeutig weibliche Stimme, «können Sie mir zufällig sagen, in welchem Jahrhundert Sie leben?»

Ein richtig guter Scherz. Warum fällt mir so etwas nicht ein?

«Ich würde sagen, im – hm – irgend so eins im Mittelalter ... Komm Cordu, lass den Quatsch ...» Natürlich habe ich meine Freundin längst erkannt.

«Im Mittelalter? Wirklich? Sind Sie ganz sicher?»

«Cordu?» Plötzlich weiß ich nicht mehr, ob sie es wirklich ist. Spätestens jetzt würde sie sich normalerweise vor Lachen biegen – und ich auch.

«Wen meinen Sie denn da? Und Sie leben doch gar nicht im Mittelalter, habe ich Recht?»

Zögernd antworte ich:

«Stimmt, wir schreiben gerade das Jahr 2000.»

«Erst 2000? Dann war das mit dem Mittelalter ja doch nicht ganz gelogen ...», hält mir die Stimme entgegen.

Ich atme tief durch, ehe ich in den Hörer zische: «Das gibt es ja wohl nicht. Was soll das Ganze, wer sind Sie überhaupt?»

«Oh, verzeihen Sie vielmals, ich vergaß völlig, mich vorzustellen. Mein Name ist Marie, und ich lebe in Frankreich, im Jahr 6456. Verstehen Sie, deshalb erschrak ich gerade so fürchterlich. Wie kann man nur mit einem Telefonanruf in einer anderen Epoche landen?»

Das versteh ich auch nicht, doch komme ich nicht zu Wort, denn Marie redet schnell weiter.

«Hier ist gerade die Hölle los. Der König soll gestürzt werden.»

Das ist zu viel für mich. Ich gehe an einem Novembernach-

0177/8765432_:

boa. ich kann doch auch nix dafür.

mittag in Dresden im Jahr 2000 ans Telefon, und eine Marie aus dem Jahre 6456 ...

«Welchen König?», frage ich. «Und woher haben Sie meine Telefonnummer?»

«Ludwig den Sechzehnten, natürlich. Sie planen hier im Moment eine ...»

«Eine Revolution vielleicht?», sprudelt es aus mir heraus. Das alles hört sich gewaltig nach der Französischen Revolution an. Aber wie ist das möglich? Mir scheint, Marie ist sehr verwirrt.

«Revolution, ja, genau.» Sie redet immer schneller. «Aber woher wissen Sie das? Sie leben doch im Jahr 2000. Ich versteh das alles nicht.»

«Ich auch nicht, Marie. Vielleicht haben Sie sich durch Epochen-Kommunikations-Experimente ins Jahr 1789 gebeamt. Dann hätte ich schon eine Ahnung, was jetzt bei Ihnen noch alles passieren wird.»

«Wieso 1789? Was soll denn passieren?», fragt sie mit ängstlicher Stimme. Irgendwie tut sie mir Leid, und ich krame meine Geschichtskenntnisse über die Französische Revolution hervor. Wahrlich keine leichte Aufgabe.

«Hören Sie, Marie, es wird ziemlich blutig», beginne ich vorsichtig. «Der König versucht zu fliehen. Er wird später hingerichtet. Andere Mitglieder des Königshauses auch. Zu sehr leidet das Volk unter Hungersnot und Rechtlosigkeit. Mit dem Ruf nach ‹Freiheit, Gleichheit, Brüderlichkeit› wollen die Aufständischen damit ein für alle Mal Schluss machen.»

Plötzlich durchfährt mich ein Schreck. Marie. Ist die mysteriöse Anruferin vielleicht Marie-Antoinette, die junge Frau Ludwigs XVI. und Gegnerin der Revolution? Die Frau, die

WOFÜR DENN ÜBERHAUPT?

1793 enthauptet wurde? Erzähle ich gerade *ihr* diese Geschichte? Ein schrecklicher Kurzfilm läuft durch meinen Kopf mit Bildern von Guillotinen, Enthauptung ...

«Aber das ist ja furchtbar», Maries Stimme zittert. Kein Zweifel. Sie ist es. «Nadja, wie kann ich das alles verhindern?», fragt sie leise.

«Sie haben noch vier Jahre Zeit, Marie. Überdenken Sie, wie Sie gelebt haben. Und wie die Menschen in Ihrem Land leben mussten. Ändern Sie das. Gestehen Sie ihnen Rechte zu. Sorgen Sie dafür, dass die Familien ausreichend zu essen haben ...» Mehr bringe ich nicht hervor, ich fühle mich total entkräftet und hoffe, dass ich wenigstens richtig gerechnet habe. Doch, vom Beginn der Revolution um 1789 bis zur Enthauptung Marie-Antoinettes waren es vier Jahre ...

«Ich, ich ...» Das Schluchzen in der Leitung wird immer lauter. «Ich muss das Gespräch beenden. Vielen Dank für alles, Nadja ...»

«... Nadja, Nadja!» Meine Mutter muss schon lange versucht haben, mich zu wecken. «Was hast du nur geträumt? Du hast geschrien und geweint wie verrückt!»

Ich kann es ihr nicht erklären, bin gar nicht dazu in der Lage. Es war also ein Traum? Doch der beschäftigt mich immer weiter. Den ganzen Tag denke ich an Marie. Was wird sie tun? Ich gehe von der Schule nach Hause. Fühle mich irgendwie so krank. Ich öffne gedankenversunken den Briefkasten. Zwischen Zeitungen und Briefen fische ich ein besonderes Kuvert heraus. Auf dem steht nur: *Nadja*. Ich reiße den Umschlag auf und entnehme einen Bogen kostbarstes

ich hab halt keine zeit.

Papier mit einer Krone. Eine Schrift, die wie gemalt wirkt. Ich lese.

Ich bin doch geflohen und halte mich in einem kleinen Dorf auf. Sicher werden Sie das als feige empfinden, aber ich sah im Moment keine andere Lösung. Ich habe allen Schmuck und meine kostbaren Kleider zurückgelassen. Ich will ein einfaches Leben führen. Vermutlich brauche ich noch etwas Zeit, um vieles zu verstehen. Wünschen Sie mir Glück. Ich wünsche es Ihnen auch.
In ewiger Dankbarkeit

Marie-A.

Mit zitternden Händen lese ich die Zeilen wieder und wieder. Mein Traum war wahr? Den Beweis halte ich in meinen Händen. In fast fünftausend Jahren hätte sich die Geschichte also wiederholt – wenn es mir nicht gelungen wäre, ein bisschen daran zu drehen ...

0177/12345678:

UND MIT WEM VERBRINGST DU DIE DANN?

Simone Broders

Einparken

Sein Wagen war schwarz, er erinnerte mich immer an einen Leichenwagen, und er stand immer vor seinem Haus. Als Kinder nannten wir ihn Vlad den Pfähler, wegen seines Namens, Dr. Vladimir. Was für ein Arzt er war, konnte man weder dem Telefonbuch noch der Tafel an seinem Haus entnehmen, im Branchenbuch gab es keinen Eintrag, und an seiner Tür stand schlicht: *Praxis Dr. Vladimir.*

Manchmal hielt jedoch ein Lieferwagen des Roten Kreuzes in zweiter Reihe vor seinem Haus. Im Rückfenster hing ein Schild:

Eilige Blutspende

Die Alten in der Straße erzählten sich, dass er nur nachts aus dem Haus ginge, wenn überhaupt, und dass die jungen Mädchen, die seine Praxis betreten hatten, nicht wieder herausgekommen seien. Meine Mutter sagte immer, das sei alles Unsinn, und die Leute in unserer Gegend wären nichts als ein Haufen abergläubischer Klatschweiber.

Ich habe mich von Dr. Vladimir nie bedroht gefühlt, und wenn ein paar alte Omas der Meinung waren, im Haus gegenüber wohne ein Vampir, der sich das Blut nach Hause liefern lasse, weil er zu bequem oder zu alt sei zum Jagen, lachte ich.

0177/8765432_ :

mit niemandem.

Es war der Endspielabend der Fußballweltmeisterschaft. Alle Nachbarn saßen zu Hause vor dem Fernseher und warteten gespannt auf den Ausgang. Ich war 18, den Führerschein hatte ich seit sechs Monaten. Ich verdanke ihn der Tatsache, dass ich in der Prüfung nicht einparken musste. Durch monatelange Nachtarbeit als Kassiererin im Kino hatte ich mir ein kleines Auto zusammengespart. Nicht mehr das allerneueste Modell und sehr anfällig für Reparaturen, aber ein nettes kleines Auto. Es brauchte auch keine großen Parkplätze.

An diesem Abend jedoch fand ich überhaupt keinen Parkplatz. Ich kreiste um den Block. Eine Viertelstunde lang. Aber auch in den Nebenstraßen war nichts zu finden, alles besetzt, sogar die Behindertenparkplätze. Ziemlich genervt fuhr ich zum wiederholten Male in unsere Straße. Und tatsächlich, ein kleiner Parkplatz war frei geworden, vor Dr. Vladimirs Haus. Dort hatte das Auto meiner Nachbarin gestanden. Der Haken war nur: Sie fuhr einen Smart.

Ich seufzte und begann zu rangieren. Mit meinen hilflosen Versuchen blockierte ich die halbe Straße. Von hinten kam ein ungeduldiges Hupen. Jetzt aber runter von der Straße, dachte ich. Ich gab etwas Gas, das Auto machte einen Satz rückwärts – und traf den Wagen, der hinter mir geparkt stand.

Auch das noch!

Ich schaltete den Motor ab und stieg aus, um mir den Schaden anzusehen. Mein Auto hatte den Zusammenstoß gut verkraftet, doch meine anfängliche Erleichterung verschwand, als ich die Front meines Hintermanns sah. Tiefe Kratzer im schwarzen Lack.

Gerade wollte ich mir das Kennzeichen notieren, als ich feststellte, dass ich Dr. Vladimirs «Leichen»-Wagen erwischt hatte.

Ich sah mich um. Bewegte sich irgendeine Gardine? Wenn er mich jetzt gesehen hatte und ich einfach so verschwand, würde er vielleicht die Polizei holen. Höhere Versicherungsbeiträge konnte ich mir nicht leisten, also musste ich den Schaden mit Dr. Vladimir privat klären.

Ich klingelte, zuerst an der Privatwohnung. Als niemand reagierte, versuchte ich es in der Praxis. Ein Türöffner summte. Ich betrat den Flur. Er war sehr dunkel und schien endlos lang zu sein. Wie viele Türen zu wie vielen Zimmern hier wohl abgingen? Doch nirgends ein Mensch.

«Hallo?», rief ich in die Leere hinein und kam mir dabei furchtbar dumm vor.

«Gehen Sie durch, der Doktor ist noch im Sprechzimmer!», kam eine gedämpfte Stimme aus einem der Zimmer. Es musste die dritte Tür von links sein. Ich öffnete sie und sah eine Art Rezeption, hinter dem Tresen eine äußerst verärgerte Sprechstundenhilfe.

«Ich sagte doch, gehen Sie durch!», schnauzte sie mich an. «Ins Sprechzimmer – geradeaus!»

«Ja, bitte?»

Dr. Vladimir saß mit dem Rücken zu mir auf einem Drehstuhl hinter seinem Schreibtisch. Der Raum lag im Halbdunkel.

«Dr. Vladimir, mein Name ist Ellen Becker», begann ich nervös. «Ich wohne gegenüber.» Ich versuchte anhand des Mobiliars auszumachen, was für ein Arzt Dr. Vladimir war.

«Guten Tag, Frau Becker», sagte er. «Ich bin überrascht. In dieser Nachbarschaft sind die Leute nicht gerade von meinen Fähigkeiten als Arzt überzeugt. Was also führt Sie her?»

Seine Stimme war dunkel, sonor und ruhig. Er sprach mit einem osteuropäischen Akzent, den ich nicht wirklich einordnen konnte. Gerade überlegte ich fieberhaft, wie ich mit meiner peinlichen Geschichte anfangen sollte, als der Stuhl zu quietschen begann und er sich zu mir drehte.

Ich hatte erwartet, einen alten Mann zu sehen. Jemanden, der seit dreißig Jahren eine Arztpraxis hatte, der kurz vor der Pensionierung stand. Doch der Mann, der mir gegenübersaß, sah eher so aus, als stünde er kurz vor der Promotion. Nie zuvor hatte ich so dunkle Haare und so vollkommen schwarze Augen gesehen. Ein Mann, der dreißig Jahre lang Arzt ist, müsste mindestens sechzig Jahre alt sein, schoss es mir durch den Kopf. Seinem durchdringenden Blick wich ich aus und starrte auf die Wand. Die Farbtafeln. Der Blutkreislauf. Blutarmut und Therapieansätze. Spende Blut – rette Leben. Vlad der Pfähler. Graf Dracula. Kaum ein Zweifel.

«Was kann ich für Sie tun, Frau Becker?»

Ich zitterte am ganzen Körper und hoffte, dass der Mangel an Licht dies verbergen würde. Mein erster Impuls war, schreiend hinauszurennen und die Tür hinter mir zuzuschlagen. Die Sprechstundenhilfe. Zweifellos war auch sie eine von denen. Wahrscheinlich wartete sie genau hinter dieser Tür, um mir die Reißzähne in den Hals zu schlagen, sobald ich zu fliehen versuchte.

«Sie sehen sehr blass aus. Möchten Sie sich nicht einen Augenblick setzen? Darf ich Ihnen etwas zu trinken anbieten?»

0177/12345678:

ALSO HAST DU GANZ ALLEIN KEINE ZEIT?

«NEIN!», sagte ich etwas zu schnell, «Ich meine, nein, danke, nicht nötig.»

«Aber Sie haben hoffentlich nichts dagegen, wenn ich mir etwas nehme?»

Unwillkürlich zog ich meinen Seidenschal etwas fester um meinen Hals. Er ging an mir vorbei zu einem der Regale. Natürlich, er hatte eine Hausbar. Ein Arzt, der eine Hausbar in der Praxis hat? Er nahm eine gläserne Karaffe heraus, die bis zum Rand mit einer schimmernden roten Flüssigkeit gefüllt war. Die alten Frauen hatten Recht mit ihrer Tratscherei. Blut. Ich konnte nicht anders, als die Karaffe und das Glas in seiner Hand anzustarren.

«Schönes Kristall, nicht?», sagte er. «Echte Handarbeit, aus dem Jahr 1860. Habe ich in Rumänien erworben.»

1860. Ich. Meine Antwort klang wie von ganz weit her: «Was Sie nicht sagen.»

«Oh, pardon.» Er lachte leise. «Sagte ich, ich hätte es erworben? Ich meine natürlich, mein Urgroßvater hatte es seinerzeit gekauft. Möchten Sie nicht doch ein Glas Rotwein?»

Ich merkte, wie ich in einen passiven, abwesenden Zustand hinüberglitt. Als würden seine Augen mich hypnotisieren. Er spielte mit mir. Ich musste einen Weg hier heraus finden, und zwar sofort. Bevor er völlige Macht über mich hatte.

Um zu wissen, dass er hinter mir stand, brauchte ich mich nicht umzudrehen, ich konnte es deutlich fühlen. Seine Stimme war beinahe zu einem Flüstern herabgesunken, als er direkt an meinem Ohr zu sprechen begann: «Warum sagen Sie mir nicht, was Sie zu mir geführt hat, Ellen?»

Er legte seine Hände auf meine Schultern. Die Berührung elektrisierte mich, es rauschte in meinem Kopf, mein Herz

0177/8765432_:

genau.

schlug so laut, dass ich kaum noch etwas anderes wahrnehmen konnte als das. *Hör gut hin, dein Herz wird nicht mehr sehr lange schlagen. Du solltest noch einmal in den Spiegel schauen, denn du wirst dein Spiegelbild die nächsten paar hundert Jahre nicht mehr sehen können.*

«Sie haben mein Auto angefahren, Ellen.»

«Es ... es tut mir Leid», stotterte ich.

«Das ist mir seit der Erfindung des Automobils noch nie passiert, Ellen. Sie haben wohl in der Fahrschule nicht aufgepasst.» Seine Hände berührten den weichen Stoff meines Schals. «Warum verstecken Sie sich? Sie haben doch gar keinen Grund dazu.» Er zog den Schal langsam beiseite und ließ das Tuch auf den Boden fallen. Ich war ihm schutzlos ausgeliefert.

«Das mit dem Auto ist nicht so schlimm», fuhr er fort, «Ihnen fehlt nur ein wenig Fahrpraxis. Ich bin sicher, Sie werden keine hundert Jahre brauchen, um perfekt einzuparken.»

Ich musste all meine Kraft aufwenden, um aus meinem Dämmerzustand heraus einen klaren Satz zu formulieren: «Lassen Sie mich gehen.»

«Werden Sie in Zukunft vorsichtiger einparken, Ellen?» Seine Fingerspitzen glitten meinen Hals entlang. Sie fühlten sich kalt an. Wie die Hände eines Toten. «Der Lack meines Wagens hat tiefe Kratzer. Ich kann mich über solche Dinge sehr aufregen.»

Die Panik, die in mir aufgestiegen war, begann, jede andere Empfindung auszuschalten. Ich erinnere mich noch, dass mein Kopf zur Seite gedrückt wurde und dass ich seinen kalten Atem direkt auf der Haut spürte. Dann war da nur noch das gleißende Licht.

Die Deckenbeleuchtung war so abrupt angegangen, dass mich die plötzliche Helligkeit blendete und ich die Augen schließen musste.

Als ich sie wieder öffnete, stand ein kleiner älterer Herr im weißen Arztkittel vor mir.

«Ich bin Dr. Vladimir. Das ist mein Sohn Erik.» Er wies auf den jungen Mann, den ich für Dr. Vladimir gehalten hatte. «Ich habe aufgehört zu zählen, wie viele Patientinnen er mir auf diese Weise vergrault hat. Er hat ein sehr ... eigentümliches Hobby, seltsame Rollenspiele mit mehr als fragwürdigen Freunden. Gotchi oder so etwas.»

«Gothic», korrigierte Erik wütend, «Gothic-Szene.» Er hob meinen Schal vom Boden auf und gab ihn mir mit einer angedeuteten Verbeugung zurück. «Ich bin Graf Vladimir Dracula.»

Dr. Vladimir seufzte. «Das werde ich ihm wohl nie ausreden können. Wie oft habe ich ihm schon gesagt, dass er nicht nachts in der dunklen Praxis herumsitzen und Leute erschrecken soll! Unser Name bringt Vorurteile genug! Es ist verheerend, dass einige unserer Nachbarn den Unfug zu glauben scheinen. Aber Sie doch nicht, Frau ...?»

«Becker», sagte ich verwirrt. Ich wusste nicht, wie mir geschah. Das Schwindelgefühl verschwand langsam, und im Licht der Neonröhren konnte ich sehen, dass dieses Sprechzimmer gar nicht so befremdlich aussah, wie es auf den ersten Blick in der Dunkelheit gewirkt hatte. In einem der Schränke standen sogar Knoblauchdragées.

«Übrigens, warum sind Sie eigentlich herübergekommen?», hakte Dr. Vladimir nach.

«Ich habe Ihr Auto angefahren», antwortete ich kleinlaut.

«Den schwarzen Leichenwagen? Das ist Eriks Dienstwagen. Er ist Leichenbestatter. Am besten, Sie klären das morgen früh mit seiner Firma, ich hole Ihnen die Visitenkarte.»

«Das ist ... sehr freundlich von Ihnen, danke.» Ich lächelte etwas gezwungen zu Dr. Vladimir hinüber und kam mir schrecklich dumm vor. Morgen früh würde der Doktor mit Erik in der Sonne spazieren gehen und über die Dummheit der Nachbarn lachen. Wie konnte ich auch nur einen Moment lang glauben, dass es tatsächlich Vampire gab? Das war Unfug, mit dem man im Zeitalter von Lara Croft nicht einmal mehr einem Vierjährigen Angst machen konnte!

Dr. Vladimir reichte mir die Karte. Ich bedankte mich höflich und ließ mich von Erik nach draußen bringen.

«Wenn Sie nichts dagegen haben, sehe ich mir den Schaden am Wagen kurz an.»

«Nein, natürlich nicht.»

Wir traten hinaus auf die Straße. Die Abendluft war kühl geworden und ich begann zu frieren, während Erik mit prüfenden Blicken um das Auto herumging.

«Das sieht ja gar nicht so schlimm aus», meinte er. «Mir wäre es vielleicht gar nicht aufgefallen. Hören Sie, Ellen.» Er sah mich ruhig und mit offenem Blick an. «Es tut mir Leid, wenn ich Sie vorhin erschreckt haben sollte. Ich würde das gern wieder gutmachen, wenn ich kann. Darf ich Sie noch auf einen Kaffee einladen? Ich weiß, dass es schon spät ist, aber Sie würden mir damit sehr helfen, mein schlechtes Gewissen wenigstens etwas zu beruhigen.» Und mit einem frechen Grinsen setzte er hinzu: «Außerdem könnten Sie mir beim Einparken zusehen.»

Ich wollte ablehnen, doch sah Erik mich auf eine Art an, die

0177/12345678:

WILLSTE MICH VERARSCHEN?

jede Unhöflichkeit verbat. Trotz der Angst, die ich wegen ihm ausgestanden hatte, konnte ich nicht leugnen, dass er mir sympathisch war.

«Also gut, aber nur auf einen Espresso. Und Sie müssen mir Einparkstunden geben!»

Wieder mit einer angedeuteten Verbeugung öffnete Erik die Beifahrertür des schwarzen Wagens. Nie hätte ich mir träumen lassen, einmal in einem Leichenwagen zu einem Date gefahren zu werden! Erik stieg ein.

«Wie in der Fahrstunde also. Sitze und Spiegel müssen auf die Größe des Fahrers eingestellt sein.»

Ich lachte leise. Erik schloss die Tür und rückte den Sitz zurecht. «Vergessen Sie nicht, sich anzuschnallen.»

Ich griff schräg nach oben, aber der Gurt glitt mir aus den Händen. Ich fasste erneut danach, aber er schien zu klemmen, und es war mir unmöglich, ihn anzulegen.

«Sie erlauben, dass ich helfe!» Erik nahm den Gurt und ließ ihn mit einem leisen Klicken einrasten.

«Danke.» Es kostete mich sehr viel Anstrengung, ihn nicht ständig anzusehen.

Ich beobachtete aus den Augenwinkeln, wie Erik den Rückspiegel einrichtete. Seine Hand berührte den Spiegel. Doch wenn ich erwartet hatte, die Reflexion seiner langen Finger im Glas zu sehen, dann wurde ich enttäuscht. Da war kein Spiegelbild. Da war nichts.

0177/8765432_:

n.

ÜBERALL

30

Minuten

in

einem

Café

Sonja Lohmann

Freitagabend

O Gott, mir ist was absolut Oberpeinliches mit meiner Freundin Silvie passiert! Ich glaube, das werde ich nie vergessen ...

Also, am 13. Oktober wollten wir ins Kino, um uns *Hollow Man* anzuschauen. Da der Film ab sechzehn Jahren freigegeben ist und wir erst fünfzehn sind, stylten wir uns vorher entsprechend.

Kaum im Kino angekommen, waren wir auch schon an der Kasse, und Silvie sagte: «Zwei Karten für *Hollow Man*, bitte.»

Die Frau an der Kasse tippte alles in den Computer ein (wir: siegessicher!!!), dann hielt sie kurz inne, schaute uns an und meinte: «Habt ihr eure Ausweise dabei?»

Wir: «Ne.»

Sie: «Wie alt seid ihr denn?»

Wir: «16.»

Sie zu mir: «Wann bist du denn geboren?»

O Gott, ich kann es noch immer nicht fassen, was ich dann gesagt habe ... 1982!!! Peinlich!!!

Darauf die Frau an der Kasse: «Dann wärt ihr ja schon achtzehn, ne, jetzt kommt ihr nicht mehr rein.»

Kurz darauf brachen sie und ihre Kollegin in schallendes Gelächter aus! Ich wäre am liebsten im Erdboden versunken.

0177/12345678:

ABER?

Aber wir wollten nicht aufgeben und fuhren deshalb in ein anderes Kino. (Wir waren uns einig, dass wir das erste Kino NIE WIEDER betreten würden!!!)

Das andere Kino hieß MAXX, wir schnurstracks zum Kartenschalter hin und gesagt: «Bitte zwei Karten für *Scary Movie*.» *Hollow Man* kam nicht, aber der ist auch ab sechzehn. Es war überhaupt kein Problem, der Verkäufer hat uns weder von oben bis unten skeptisch gemustert noch unsere Ausweise verlangt.

Wir fröhlich die Treppe runter und auf die Kartenabreißerin zu.

Neben ihr standen noch zwei Typen, einer mit Walkie-Talkie. Na ja, wir haben der Frau unsere Karten gegeben. Sie reißt die Karten auseinander, schaut uns an und fragt: «Wie alt seid ihr denn?»

Wir: «Sechzehn.»

Sie schaut den Typen mit dem Walkie-Talkie an, er schaut uns an und sagt: «Könnte ich bitte die Ausweise sehen?»

Wir: «Die haben wir nicht dabei.»

Er: «Sorry, aber dann können wir euch nicht reinlassen!»

Na, super! Aber das Beste war, dass

1. hinter uns eine geballte Menge Menschen stand!!
   Was soll's, sind ja nur wir, die sich dermaßen blamieren!!!
2. wir wieder raufgehen sollten, um unser Geld zurückzuverlangen.
   Als ob wir nicht schon genug Blamagen hinter uns hätten!

Also wieder die Treppe rauf, zur Kasse und unser Geld zurückverlangt. Den amüsierten Blick des Verkäufers übersahen wir absichtlich.

Okay, dachten wir, wenn wir nicht in einen Film ab sechzehn reinkommen, dann gehen wir halt ins I-MAXX und schauen uns die Doku über New York in 3-D-Effekt an. Wir mussten erst mal 'ne Viertelstunde latschen, und ich hatte natürlich meine acht Zentimeter hohen Schuhe an. So ist das Leben!

Als wir dann schließlich zum dritten Mal an einer Kinokasse standen, waren wir wirklich froh, dass es bei dieser Dokumentation keine Altersbeschränkung gab. Wir zur Verkäuferin: «Bis sechzehn Jahre bekommt man doch noch Ermäßigung, oder?»

Sie: «Ja.»

Wir: «Dann bitte zweimal ermäßigt für New York.»

Jetzt kommt die Höhe. Sie zu uns: «Da bräuchte ich aber bitte eure Ausweise ...»

0177/8765432_:

ich hab einfach mal keine zeit. is das denn so
ein drama?

Anne-Kathrin Tretau keep cool

NEE, KEIN DRAMA. ABER MERKWÜRDIG SCHON.

Rebecca Hecklau

Die Mitbewohnerin

Aber meine Küche will ich auf jeden Fall verkaufen, sagt Maria. Und die Waschmaschine auch.

Ich kann sie ja verstehen. Sie geht mit ihrem Freund für ein Jahr nach Neuseeland, da braucht man jeden Pfennig. Ich kritzle auf mein Notizblatt: Küche 800,–, Waschmaschine 750,–, halbe Kaution 700,–. Dann ziehe ich die Stirn in Falten. «Welcher Student kann das bezahlen?», frage ich mich laut.

«Warte bis morgen», lautet Marias Ratschlag. «Dann werden wir ja sehen, wer sich auf unsere Zeitungsannonce alles meldet.» Ich pflichte ihr bei.

«Außerdem», sage ich und zücke die Tageszeitung, «steht hier, dass in Freiburg noch mindestens fünfhundert Studenten eine Wohnung suchen. Da werden doch ein paar dabei sein, deren Eltern Geld wie Heu haben, oder?»

Maria lacht. «Wenn hier morgen fünfhundert Leute vor der Tür stehen, wünsch ich dir viel Spaß!»

Ich seufze. Maria hat gut lachen, sie hat morgen den ganzen Tag Chorprobe und kommt erst am späten Abend heim. Ich gehe ins Bett, wo ich noch eine Weile wach liege und grübele. Zu schade, dass Maria überhaupt auszieht. Ich erinnere mich an das vergangene halbe Jahr: die Videoabende, die Lachanfälle, die langen und tiefsinnigen Gespräche. Melancholisch schlafe ich ein.

Punkt sechs Uhr am nächsten Morgen schrecke ich auf, weil das Telefon klingelt. Das kann nur irgendein Notfall sein! Ich nehme hastig ab und melde mich.

«Ja hallo, hier ist die Annemarie, ich ruf auf die Wohnungsanzeige an. Ist das Zimmer noch frei?»

Kriegt man um die Zeit denn schon die Zeitung?!

Ich schlucke, reiße mich zusammen, pfeife auf mein Erstaunen, und wir machen einen Besichtigungstermin für zehn Uhr aus.

Um zehn Uhr allerdings bin ich bereits völlig gerädert. Seit Annemaries Anruf hat das Telefon nicht länger als knapp zehn Minuten stillgestanden. Semesterbeginn eben, tröste ich mich, umso mehr Auswahlmöglichkeit habe ich. Das ist übrigens eine ungewohnte Machtposition für mich – bisher war es immer so, dass ich mir die Wohnungen angeschaut habe und mehr oder weniger taxiert wurde. Und bei Semesterbeginn ist die Konkurrenz hart!

Annemarie ist eine von sage und schreibe *fünfundvierzig* Kandidaten, die an diesem denkwürdigen Samstag, dem siebten Oktober, die kleine Wohnung anschauen kommen. Aufgrund meiner harmlosen Annonce: *Suche ruhige Mitbewohnerin für schöne kleine Dachgeschoss-WG in Uninähe.*

Abends um halb zehn lasse ich mich erschöpft auf mein Bett fallen, nachdem der letzte potenzielle Mitbewohner die Tür hinter sich zugezogen hat. Ein paar Minuten später kommt Maria nach Hause.

«Sprich mich nicht an», flehe ich.

«Warum hast du so eine Krächzstimme?», forscht sie ohne Erbarmen und schleppt mich an den Schreibtisch, damit ich ihr die Liste der Bewerber präsentieren kann.

Einige fallen von vornherein flach, so beispielsweise Mark, der einen Hund besitzt – die Hausverwaltung hat keinen Sinn für Tierliebe. «Wie viele waren denn bereit, die Küche und Waschmaschine zu zahlen?», erkundigt sich Maria. – «Sechs», gähne ich. «Sie wollten Rücksprache halten mit ihren Eltern oder ...»

«... Finanzspritzengebern», beendet Maria meinen Satz. «Dann ruf die doch am Montag an.»

Ich nicke.

«Vielen Dank für deinen tapferen Einsatz heute, du bist echt ein Goldschatz!»

Widerwillig ob dieser prosaischen Aufgabe telefoniere ich am Montag mit den sechs übrig gebliebenen WG-Kandidaten. Nach meinen geschickten Fangfragen fallen vier weg, und am sympathischsten ist mir Gitte aus Villingen: Sie erklärt auf meine Frage hin, sie sei ein sehr ruhiger Typ, besäße nicht mal Fernseher und Stereoanlage, und ich jubele innerlich: Genau das habe ich mir gewünscht! Eine Schriftstellerin wie ich braucht oftmals einfach ihre Ruhe, und dafür ist, wie meine Zeitungsannonce schon andeutete, eine *ruhige* Mitbewohnerin unerlässlich. Bingo, Gitte. You're in!

Am 28. Oktober ist es so weit: Maria zieht aus und Gitte ein.

Am 31. Oktober frage ich mich, wo die Gitte steckt, die sich vorgestellt hatte. Diese hier scheint ein Klon zu sein, der ganz anders ist als ihr menschliches Ebenbild. Zum vierten Mal hat sich eine laut lachende, Bier trinkende Meute von sechs Leuten bei Gitte, der Cliquenkönigin, eingefunden, um von vier bis halb elf zu kochen, zu gackern, *Big Brother* zu gucken – auf dem Fernseher, den Gitte angeblich nicht besitzt – und dann

0177/8765432_:

wieso das denn?

auszugehen. Gegen halb zwei kommt Gitte heim, um lautstark ins Bett zu gehen, zweimal mit ihrem Freund. Trotz gigantischer Wattebäusche in den Ohren kann ich nicht umhin, Zeuge ihrer mehrfachen geschlechtlichen Vereinigung zu werden.

Den übrigen Tag lang läuft übrigens die Stereoanlage, die Gitte «nicht hat».

Bisher habe ich fassungslos die Vorgänge beobachtet und darauf gehofft, irgendwann aus diesem Albtraum aufzuwachen – oder ist das wirklich alles wahr?

Es ist. Und nach einer Woche ist keine Änderung absehbar.

Hinzu kommen schmutzige Geschirrberge, massenhaft Haare im Abflusssieb und weitere Ärgernisse in solchem Ausmaß, dass ich kurz davor bin, mich in die Dreisam zu stürzen. Ich bin so wütend und deprimiert, dass es mir schwer fällt, bei dem von mir verlangten Gespräch mit Gitte ruhig zu bleiben – während sie mir ans Herz legt, doch Verständnis für sie zu zeigen. Sie sei zum ersten Mal von zu Hause weg.

Während mir aus dem Nebenzimmer *Skunk Anansie* um die Ohren fetzt, setze ich eine neue Annonce auf: Diesmal mit dem Text, dass *ich* ein ruhiges Zimmer *suche*. Dringend!

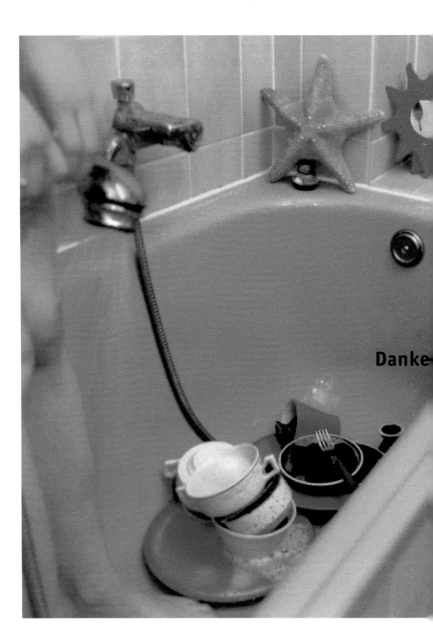

Danke

Du hast gespült!

Jasmin Klose

Sonja Splittstößer

Überraschung

Ich sitze mit Sanne und Steffi im *Croke*. Vor uns steht der obligatorische Eimer Sangria, wir sind alle schon gut dabei. Es ist ziemlich wenig los heute Abend. Zu dritt benoten wir die Jungs, die hier sind. Die meisten verdienen nur eine 3 oder 4. Doch ein bisschen später flirten Sanne und Steffi mit irgendwelchen Typen. Ich glaube, es sind die, die sie am schlechtesten bewertet hatten. Ich halte mich bei den Kerlen, die hier sind, lieber zurück und schaue mir die restlichen Leute an. Eine Mädchenlästerrunde und ein Pärchen, sonst nur einsame, hässliche Jungs.

Ich beobachte wieder das Pärchen, das nicht wirklich zusammenzusein scheint. Das Mädchen schaut immer wieder zu mir rüber. Starre ich denn so auffällig? Sie ist hübsch. Eine sehr weibliche Figur, lange braune Haare, große dunkle Augen. Ein tiefer Ausschnitt. Aber ihren Freund will sie damit wohl nicht anmachen. Ich drehe mich wieder zu Sanne und Steffi.

Mittlerweile sitzen drei Kerle bei uns am Tisch. «Hallo, ich bin der Marko», grinst mir einer entgegen. Ich stehe ohne ein Wort auf und gehe auf die Toilette. Nicht dass ich müsste, aber ich habe keine Lust, mich von diesem Kerl zulabern zu lassen. Am Ende bildet er sich noch ein, es würde was zwischen uns laufen heute Nacht.

Um die Zeit zu vertreiben, schaue ich mir die Graffiti an. Das Mädchen von vorhin kommt rein und stellt sich neben mich. «Cool, oder?», sagt sie.

Ich nicke.

«Meine kleine Schwester hat da mitgesprayt.»

Ich nicke wieder.

«Du bist wohl nicht so begeistert von den Typen bei euch am Tisch?»

«Nee, echt nicht. Ziemlich eklig, finde ich. So verzweifelt, dass ich mich solchen wie denen an den Hals werfe, bin ich dann doch nicht.»

«Richtig so», sagt sie. Dann verschwindet sie auf dem Klo. Ich gehe zurück zu Sanne und Steffi. Marko ist wieder verschwunden. Dafür kommt kurze Zeit später das Mädchen zu uns rüber und lästert mit mir über die Jungs an unserem Tisch. Die sind so mit Sanne und Steffi beschäftigt, dass sie das gar nicht mitkriegen.

«Na ja», sagt Caro – so heißt das Mädchen –, «ich geh dann mal wieder rüber zu meinem Kumpel.»

Also wirklich nur ein Kumpel, nicht ihr Freund. Ich gehe an die Theke und bestelle eine Runde Tequila. Wohlgemerkt nur für die beiden Mädels und mich, nicht für die Jungs. Als ich zurückkomme, sind Sanne und Steffi in heftige Knutschereien verwickelt. Also beschließe ich, die Tequilas alle selbst zu trinken und mir einen schönen versoffenen Abend zu machen. Es stört die anderen vier auch nicht, als ich später dann noch ihre Getränke austrinke. Mein eigenes Geld habe ich schon ausgegeben.

☆ ☆ ☆

0177/8765432_:

was?

Ich sitze auf dem Bettrand und schaue mich im Zimmer um. Durch das Rollo scheint die Sonne. Es hängen viele Fotos an der Wand, offensichtlich von der Familie, nicht von Freunden. Auf dem Sofa liegen Klamotten, Zigarettenschachteln, CDs, Zeitschriften. Ein heilloses Durcheinander. Auf der Fensterbank stehen vertrocknete Kakteen. Ohne nochmal aufs Bett zu schauen, stehe ich auf und ziehe mich an.

Ich gehe ins Bad, bürste mir die Haare mit der Bürste, die auf dem Waschbeckenrand liegt, wasche mir das Gesicht mit kaltem Wasser. Dann schaue ich in das Schränkchen, das verdammt nach Hausapotheke aussieht. Ich nehme ein Aspirin, meine Kopfschmerzen sind unerträglich. Ich komme zurück in das Zimmer, ziehe meine Jacke an, nehme meine Tasche und schaue doch nochmal aufs Bett. Dort sehe ich einen nackten Rücken mit wunderbar glatter Haut (wie ich heute Nacht ausgiebig feststellen konnte), auf die lange braune Haare fallen.

Ich kann es immer noch nicht glauben. Ich soll das gemacht haben? Leise schleiche ich zur Tür und bleibe dort nochmal stehen, schaue in den Spiegel direkt neben der Tür. Sie kommt nur im T-Shirt aus ihrem Zimmer, reibt sich verschlafen das Gesicht.

«Du gehst schon?», fragt sie.

Ich nicke.

«Wir sehen uns wohl nicht wieder?»

Ich schaue auf den Boden, schüttle langsam den Kopf.

Sie hebt mein Kinn mit einem Finger hoch, gibt mir einen Kuss mitten auf den Mund und schließt die Tür hinter mir.

Jasmin Wübbeling

Findungspunkt Kunst

Eigentlich hatte sich Monika einen ruhigen Abend mit ihren Freundinnen gewünscht: so ein bisschen kochen, Rotwein trinken, etwas plaudern ... Momentan war es aber eher trendy, auf so genannten Vernissagen aufzukreuzen, um mit möglichst intellektuellen und kreativen Leuten zu plauschen und um – nicht zu vergessen! – hier und da das eine oder andere Techtelmechtel mit Möchtegernkünstlern zu haben. Bei den Freundinnen, die keinen abbekommen hatten, konnte man sich dann prima profilieren!

Auf diesen Vernissagen (allein das Wort!) kamen Monika die Leute immer etwas etepetete vor: mit ihren schwarzen Hüten (natürlich kollektiv schwarz gehalten) und ihren großen afrikanischen Ketten und Ohrringen. Fast alle hatten dieses aufgesetzt freundliche Lächeln, das Monika so undurchschaubar wie ihre Kunstwerke erschien. Alles in allem: Monika fühlte sich nicht sonderlich wohl, sie kam sich eher verloren vor.

Sicher, sie hätte sich zu ihren Freundinnen stellen können, um diesen «wahnsinnig interessanten» Vortrag von diesem Kunstheini Frank Soundso anzuhören. Alle Frauen um ihn herum taten interessiert, obwohl Monika genau wusste, was jede Einzelne von ihnen dachte: Wie bekomme ich den ins Bett?

0177/12345678:

LIEGT ES AN MIR, DASS DU KEINE ZEIT HAST?

Also, das hatte Monika nun wirklich nicht nötig. Diese One-Night-Stands; sie hatte ja auch schließlich ihren Ralf. Es war doch wirklich schön, jemanden zu haben, der zu einem stand (das tat Ralf fast immer), jemanden zu haben, der einem zuhörte (das tat Ralf fast immer – wenn er nicht gerade Fußball guckte), jemanden zu haben der ... Ach, eigentlich konnte sie mit ihrem Ralf doch ganz zufrieden sein, oder?

Langsam schlenderte Monika an einer langen Bilderreihe entlang. Dass man mit so etwas Geld machen konnte! Plötzlich blieb sie aber doch vor einem Bild stehen. Sie neigte ihren Kopf zur Seite und betrachtete es eine Weile. Das Gemälde war vom Motiv her simpel: ein roter Mund auf blauem Untergrund. Wirkungsvoll, aber nicht besonders originell, wie Monika fand.

«Das ist mein Lieblingsbild. Es heißt *Der Kuss.*»

Langsam wandte Monika sich zu der Stimme hinter ihr um. Vor ihr stand eine Frau von sehr zierlicher Gestalt und gerader Haltung. Sie war ungeschminkt, hatte aschblonde Haare und leuchtend blaue Augen. Irgendwie passte sie so gar nicht in dieses Umfeld.

«Sorry, aber unter 'nem richtigen Kuss stelle ich mir schon etwas anderes vor», platzte es aus Monika heraus. «Das ist mir, glaube ich, zu abstrakt.»

«Und wie gefällt Ihnen dieses Bild?»

Die zierliche Frau deutete auf ein Bild rechts von ihnen. Wieder ein Gegenstand auf blauem Grund. Diesmal aber eine Couch. Monika musste unwillkürlich an die rote Couch von Ralfs Eltern denken. Sonntag für Sonntag saßen sie auf diesem samtenen Ungetüm von Möbelstück. Unbehagen stieg in

0177/8765432_:

wieso sollte es an dir liegen, dass ich keine zeit habe?

ihr hoch, als sie nun die Szene vor sich sah: Mutter, Vater, Kind. Sie: dazwischen – toleriert, aber nicht akzeptiert. Rasch verdrängte sie den Gedanken. «Also, ich weiß nicht. Ist das nicht ein bißchen zu simpel – ich meine: so 'ne Couch auf farbigem Grund? Das ist doch nun wirklich nicht sehr einfallsreich!»

Die Frau schaute sie interessiert an. «Ich weiß», sagte sie, «dass diese Bilder auf manche Menschen wenig originell wirken mögen. Aber das Wichtigste an meinen Werken ist, dass jeder etwas Persönliches mit ihnen verbinden kann.»

Sie hatte also die Bilder gemalt.

Trotzdem ließ Monika nicht locker: «Aber ein Bild muss doch irgendeine Aussage haben. Heutzutage entschuldigt man alles mit dem Begriff der modernen Kunst. Ist ein Bild oder ein anderes Kunstwerk misslungen oder nicht interpretierbar, ist es halt moderne Kunst.»

Die Künstlerin runzelte nachdenklich die Stirn. «Aber was für einen Reiz übt Kunst denn noch aus, wenn sie eindeutig interpretiert ist? Damit nimmt man doch dem Betrachter die Chance, neue Perspektiven zu entwickeln. Einfach das schlucken, was vorgegeben ist, und bloß nichts fragen? Für mich ist die Freiheit im Beruf und im privaten Leben das Wichtigste. Ich könnte nie einen Beruf ergreifen, in dem ich mich nicht frei entfalten könnte, eingeengt wäre, zum Sklaven anderer würde.» Sie nippte an ihrem Sektglas. «Das Leben ist zu kurz, um sich immer vorschreiben zu lassen, was man zu tun oder zu lassen hat. Man muss im JETZT leben – *carpe diem* – Nutze den Tag!»

Monika hatte ihr aufmerksam zugehört. Irgendetwas

regte sich nun tief in ihrem Inneren – sie wusste nur noch nicht, was. Nach einer kleinen Pause fuhr die Künstlerin fort: «Die Zukunft und die Vergangenheit sind natürlich auch wichtig, aber man darf sich nicht an ihnen festbeißen. Man muss sich immer die Chance offen halten, sich verändern zu können.»

Für einen Moment schien sie in ihren Gedanken stecken geblieben zu sein. «Freiheit ist für mich, wenn ich morgen z. B. entscheiden würde, Seiltänzerin zu werden, sollte ich in meinem Beruf als Künstlerin nicht mehr glücklich sein. Verstehen Sie das?»

Monika hatte die ganze Zeit über kein Wort gesagt. Tausend Gedanken schossen ihr durch den Kopf:

Wie lebe ich eigentlich?

Arzthelferin zu sein war schön und gut, aber bestimmt nicht ihre Lebensaufgabe. Na ja, 'nen Freund hatte sie ja auch noch. Aber war sie mit ihm wirklich glücklich?

Dass sie in ihrer Beziehung nicht tun und lassen konnte, was sie wollte, war ihr auch klar. Manchmal schränkte Ralf sie zu sehr ein. Ihm war es fast schon zu viel, wenn sie sich allein mit ihren Freundinnen traf. Monika sah ihn schon morgen früh vor sich stehen, mit diesem abwertenden Lächeln und seinem Standardspruch: «Na, wieder über die Männerwelt hergezogen?»

Irgendwie fühlte Monika sich plötzlich gar nicht mehr so glücklich – eher unsicher. Ihr Lebenskonzept wankte, und das war beängstigend. Mit einem Mal war Monika fast eifersüchtig auf die Künstlerin: Sie konnte wenigstens so leben, wie sie wollte. Am Ende der Ausstellungseröffnung tauschten die beiden Frauen ihre Visitenkarten aus. Ein wenig benebelt, was

0177/12345678:

ALSO IST DA DOCH NOCH JEMAND ANDERS IM SPIEL?

allerdings nicht nur von ihrem übermäßigen Alkoholgenuss herrührte, ging Monika zu Bett: Einschlafen konnte sie in dieser Nacht nur schwer.

«Gibst du mir mal die Butter rüber, Moni?»

«Hier.» Monika streckte ihr lächelnd die Butterdose entgegen. «Vielleicht noch etwas Kaffee, Valerie?»

«Mhhhmm, gerne. Aber bleib ruhig sitzen – ich hol mir schon welchen.» Valerie goss sich frischen Kaffee in die Tasse. «Ich bin so froh, dass wir uns damals auf meiner Ausstellung kennen gelernt haben. Ehrlich.»

Monikas Mund verzog sich nun zu einem breiten Grinsen.

Nach einer kurzen Pause antwortete sie: «Sonst hätte ich dir ja auch keines deiner grässlichen Bilder abgekauft!»

«Sehr witzig!», sagte Valerie in einem aufgesetzt beleidigten Ton. Dann ging sie zu ihr hinüber, umarmte sie und küsste Monika auf den Mund.

«Und, ist dir mein Kuss immer noch zu abstrakt?»

Monika lächelte zufrieden und genoss diesen ruhigen Moment ihrer persönlichen Freiheit.

Ilona Sutter **Kuss**

Ramona Diana Kozma

30 Minuten in einem Café

Zufrieden blicke ich auf das rotweiße Schild, das an der Decke hängt: *Rauchverbot*. Dann vertiefe ich mich wieder in das kleine schwarze Buch auf meinem Schoß. Es hat den herausfordernden Titel *Anarchie*, weiß auf schwarz gedruckt. Die Druckweise steht bestimmt dafür, bestehende Normen und Konventionen umzukehren, denke ich. Und dann frage ich mich, ob ich nicht manchmal zur Überinterpretation neige. Und beiße dabei genüsslich in mein dänisches Brötchen. Neben mir klappert die Kellnerin mit einem Haufen von Messern.

... führen die Anarchisten einen Kampf, oftmals auch durch unmittelbare Anwendung von Gewalt, lese ich weiter.

Zwei alte Damen mit niedlichen Hüten führen ein angeregtes Gespräch, das jedoch von zwei eintretenden Herren mittleren Alters lautstark übertrumpft wird. «Na los, immer rein!», schreit einer.

Peter fragt, bestürzt über so viel Großzügigkeit: «Wirklich?»

Der andere, Karl-Heinz heißt er, brüllt nochmals, dass er *gerne* den Freund samt Anhang zum Frühstück einlade. Peter solle ruhig schon an einen Tisch gehen.

In der Zwischenzeit haben zwei Männer, die direkt gegenüber von mir sitzen, meine Aufmerksamkeit erregt. Der, der mir sein Gesicht zuwendet, ist zwischen vierzig und fünfzig

0177/8765432_:

da ist niemand im spiel.

Jahre alt und ganz aufgebracht. Durch wilde Gestikulation verleiht er dem Gesagten Nachdruck, und seine Augen sind voll italienischen Feuers. Oder doch spanischen? Ich versuche zu horchen und spiele in meinem Kopf Lieder von Eros Ramazotti und Manu Chao ab. Der Mensch lispelt zu wenig, wird wohl doch ein Italiener sein, denke ich bei mir.

Bekämpfung und Ersetzung des religiösen Glaubens durch rationale Erziehung ...

Ich werde schon wieder abgelenkt, als ein kleiner Junge sich auf einen Stuhl an meinem Tisch setzt. Ich lächele ihn freundlich an. «Nicht da, Philipp, einen Tisch weiter», höre ich die Oma sagen – oder ist es die Mutter? Meine Mutter sagt, man kann das heutzutage kaum noch unterscheiden.

Philipp krabbelt also wieder von dem Stuhl hinunter. Ich blicke durch die riesige Glaswand rechts neben mir auf die vorüberziehenden Menschen. Ein türkisches Mädchen hat sich bei ihrem Vater untergehakt. Als die beiden in das Café eintreten, wirft sie mir einen scheuen Blick zu.

Ersetzung der Ehe und der bürgerlichen Kleinfamilie durch freiwillige Zusammenschlüsse in Großfamilien, Kommunen, steht in meinem Buch.

Der Tresen zu meiner Linken ist reich gefüllt, und ein junger Aussiedler deutet auf eins der prall belegten Brötchen.

Ob die Menschen glücklich sind?, frage ich mich. Ich möchte für das Glück der Menschen kämpfen, für das Glück aller Menschen. Aber vielleicht möchten die gar nicht, dass man für sie kämpft, oder viel schlimmer: Vielleicht sind sie ja schon alle glücklich.

Keine Ahnung, aus welcher Richtung sie kam, die Oma war einfach plötzlich da, einige Worte, ein paar hektische Bewegungen, und schwupp – hatte sie mir gegenüber Platz genommen.

Ich erfahre, dass das Leben mit achtzig anders ist und dass man vorsichtiger sein müsse. Sie sei jeden Tag hier, denn die Wohnung sei schließlich klein, und so viel zu putzen gäbe es da auch nicht. Aber sie esse nicht außerhalb, denn zu Hause gäbe es schließlich genug, um nicht zu sagen, viel zu viel. Dahinten – sie zeigt auf die andere Seite des Raumes – hätte sie vorhin gesessen, aber da hätten sie geraucht, und außerdem hätten alle so grimmige Gesichter gemacht. Sie hätte eigentlich sofort bei mir Platz genommen, habe sich aber nicht getraut, weil sie dachte, dass ich jemanden erwarte.

Sie sei jeden Tag hier, denn zu Hause – sie wohnt in einer kleinen Siedlung – sei schließlich nichts los. Die Dame, die links von ihr wohnt, sei immer bei ihren Kindern, nie zu Hause, und die Dame rechts von ihr, ja – die sei ganz nett, aber doch keine wirkliche Gesellschaft für sie. Die könne ja keinen Spaß verstehen. «Wenn ich sage: ‹In unserem Alter›, ist sie gleich gekränkt», erzählt sie weiter, «weil sie zehn Jahre jünger ist. Dabei ...», die alte Dame beugt sich mit geheimnisvoller Geste zu mir, «... bin ich doch noch viel schneller beim Treppensteigen.»

Ich habe mein Buch weggepackt. Die kleine, liebe Frau erzählt, als hätte sie das Reden gerade erst neu erlernt.

Dann, so plötzlich, wie sie aufgetaucht ist, verschwindet sie auch wieder. Ihr Bus ist da.

Die Frau ist achtzig. Sie hat den Krieg erlebt – da war sie so alt wie ich jetzt.

Würde sie lachen, wenn ich ihr sagte, dass ich für etwas kämpfen möchte?

Ich nehme nochmals mein kleines Büchlein in die Hand, lese Begriffe wie *Solidarität statt Egoismus, gegenseitige Hilfe statt Konkurrenz.*

Kann ich der Oma nicht helfen, ohne schlaue Bücher zu lesen?

Ich sehe mich abermals in dem Café um, bevor ich meinen Mantel anziehe und mein Tablett wegbringe.

Als ich durch die Tür ins Freie gehe, frage ich mich, ob ich selbst eigentlich glücklich bin.

0177/12345678:

NATÜRLICH IST DA NOCH JEMAND. SONST KÖNNTEST DU JA SAGEN, WARUM DU KEINE ZEIT HAST.

Achtung! Auf diesem Platz steckt

das Leben voller Überraschungen.

Attila Szanto

Andreas Holch

Mein Opa, ein Engländer, die Verlobte in spe und ich

«Min Jong», sagt mein Großvater, als er in dem alten abgewetzten Sessel in der Stube Platz nimmt. Ich sitze schon und schaue zu, wie die Sahne in meinem Tee kleine Wölkchen bildet. Welch ein Tag.

Die beste Musik am Morgen sollte, wenn ich meinem Radiosender glauben schenken konnte, aus meinem Autoradio kommen. Da ich heute in der Frühe aber weder Tina Turner noch Fools Garden irgendetwas Positives abgewinnen konnte, wechselte ich zu einem Tape mit wohlig-gröliger Kopfschüttelmusik. Ansonsten ein ganz angenehmer Start in den Tag.

Leichtere Musik wird es heute noch genug geben auf der Überraschungsparty für Chris. Christiane ist meine Freundin und meine Verlobte in spe. Davon weiß sie noch nichts, aber für irgendwas müssen Überraschungspartys ja gut sein. Sagen wir lieber, der Morgen nach einer Geburtstagsüberraschungsparty. Sonst würden mir den ganzen Abend Ich-freu-mich-so-für-euch-Menschen an den Ohren hängen, und ich wollte den Abend doch genießen.

«Min Jong, ich will dir eine Geschichte erzählen.»

Ich lehne mich zurück und rühre in meinem Tee. Bei Opa gibt es immer den bitteren dunkelbraunen Ostfriesentee, ob-

0177/8765432_:

du bist doch paranoid.

wohl es ihn schon in den Sechzigern in das Rheinland verschlagen hat. Seit dem Tod meiner Oma Lotte bin ich noch öfter bei ihm.

Opa greift zur Tasse, mit einem leichten Zittern führt er sie zum Mund und pustet. Das Teekühlen ist bei ihm genauso eine Zeremonie wie das Teekochen. Er geht zurück in die Küche, um Plätzchen zu holen. Mit einer Kopfbewegung deutet er mir an, dass er gleich wieder da ist.

Diese Wahnsinnsidee stammt übrigens nicht von mir, sondern von Kathrin, ihrer Freundin. Ich bin noch nie scharf auf so was gewesen und habe schon mehrfach meinen Freunden mit Liebesentzug gedroht, wenn sie mit mir etwas Ähnliches versuchen. Aber Chris mag so was. Sie liebt Überraschungen und Geschenke und die Spannung vor dem Auspacken. Deswegen erzähle ich ihr schon seit Wochen, was für ein tolles Geschenk ich für sie habe. Wenn sie es heute Abend nicht endlich erfährt, wird sie platzen.

Eigentlich hat sie so viel gar nicht verdient, heute Geschenk und morgen die Verlobung. Sei's drum, man will ja nicht mit leeren Händen dastehen, vor ihren Freunden, auf der – hurra! – Überraschungsparty.

Bis jetzt bin ich nur meine Schicht Rettungswagen gefahren. Viel Blaulicht und viel Tatütata.

Opa kommt mit einem Teller Butterkringel aus der Küche. Stellt sie auf den Tisch. Er setzt sich langsam wieder hin. Greift erneut zur Tasse und nimmt einen kleinen vorsichtigen Schluck des dampfenden Tees.

Ein ruhiger Tag wäre natürlich schöner gewesen, aber das konnte ich mir nun leider nicht aussuchen. Die Notgeburt war noch das kleinste Übel. Obwohl es eine ziemliche Sauerei war, den Kleinen auf die Welt zu bringen – irgendwo zwischen Wohnungstür und Krankenhaus. Angeblich soll er zum Dank einen zweiten Namen erhalten: Andreas – mein Name. Es hätte ihn wahrlich schlimmer treffen können. Dann ein Beinbruch und dann die Sache mit Tim.

An sich nichts Ungewöhnliches. Im Sportunterricht haut es einen kleinen Jungen auf irgendeine Kante. Viel Blut, eine nervöse Lehrerin, die ein Taschentuch auf eine Platzwunde drückt. Nervöse Kinder, die sich umziehen, um ihren Klassenkameraden bangen. Ein nervöser Hausmeister, der uns durch das hintere Schultor zur Turnhalle lotst.

Sofa, Stube und Sessel kenn ich seit meiner Kindheit. Den Ölschinken über der Couch, den röhrenden Holzhirsch, die Messinguhr über dem Fernseher, den Nähkasten, die Leselampe, die Buddelschiffe im Regal, die dicken Bücher und die Fotos von ihm und Lotte.

Ja, und dann war es der Sohn von einem Kollegen, von Markus, der da auf der Matte lag. Da wird einem anders. Wir konnten ihn stabilisieren und ins Krankenhaus bringen, aber zu Bewusstsein ist er noch nicht wieder gekommen. Vielleicht ein Blutgerinnsel im Hirn. Wie niedlich sich das anhört, ein Gerinnsel. Koma, das klingt schon eher nach Tod. Ich weiß, dass ich alles getan habe, um ihn zurückzuholen. Der starre, durchdringende Blick aus Markus' Augen – panisch und vorwurfsvoll: ‹Wenn du gepatzt hast, bring ich dich um.›

Opa stellt die Teetasse ab, schiebt sich mit dem Ächzen und Stöhnen eines 86-Jährigen im großen Ohrensessel zurück. Er schlägt die dünnen Beine übereinander, faltet die greisen Hände über dem kaum vorhandenen Bauch.

Mein Pieper hat mich erlöst. Also rein in die Karre und wei-

ICH WÜRD EHER SAGEN SCHLAU.

ter retten. Ein kleiner Auffahrunfall – sie hätten uns gar nicht gebraucht.

Bei Opa wollte ich heute eigentlich nicht vorbei. «Zur Überraschungsparty seiner Freundin kommt man nicht zu spät!» Aber nach so einem Tag brauchte ich die Ruhe und Weisheit eines alten, lieben Menschen.

«Das mit dem Retten, das ist immer ein Ding für sich.» Opa räuspert sich und beginnt nun endlich, seine Geschichte zu erzählen. «Es muss 37 gewesen sein oder so um den Dreh. Da hab ich im Hafen einen Engländer getroffen. Dem hatte es beim Löschen übel den Arm aufgerissen. Ich hab ihn zu uns genommen. Lotte hat ihn versorgt. Der meinte, das mit der Fahrerei sei wohl nicht gut für ihn.

Er war der Vierte von fünfen in einer walisischen Fischerfamilie. Wenn Sturm war, mussten sie raus ans Kliff und die Seeleute bergen, die es an die Klippen gesetzt hatte. Seine beiden ältesten Brüder waren im Krieg gefallen und der Dritte – der hieß Ewan – seit gut drei Jahren auf See verschollen.

Mitten in einem dicken Wintersturm sieht der Engländer einen Kutter aufs Kliff zutreiben, das Segel in Fetzen und überall die starken Brecher. Mit einem Krachen schlägt das Boot auf. Er macht sich also fertig, sein kleiner Bruder auch und ein Bursche aus der Nachbarschaft. Die zwei zum Sichern, und er wird runtersteigen, mit 'nem dicken Tau um den Körper.

Als seine Mutter sieht, wie die Jungen sich bereitmachen, fängt sie an zu heulen. Drei Tote seien ihr genug. Sie bettelt, dass sie bleiben, aber die drei gehen trotzdem. Es ist stockfinster am Kliff, der Engländer steigt also hinab, er kommt heil runter und auch zügig an Deck. Überall Wasser und das Dröhnen der Brandung in den Ohren. Die Fischer haben sich in ih-

wenn du schlau wärst, würdest du mir vertrauen.

rer Not am Mast festgebunden. Zwei sind tot, aber einer atmet noch. Mit einem zweiten Seil und viel Kraft bekommen sie ihn schließlich an Land und die Klippe hoch. Oben schickt der Engländer, der selber fix und fertig ist, seinen Lütten heim zur Mutter; sie soll kommen und sich kümmern. Er sagt: ‹Mach voran! Und sag ihr, es ist Ewan.›»

Ich bleibe noch ein paar Minuten, trinke meinen Tee aus und esse einen Butterkringel. Die Party kann auch noch ein wenig ohne mich laufen. Als Opa dann die Tür hinter mir schließt, höre ich das vertraute: «Kiek bol wedder rin, min Jong!» Macht nichts, dass ich seine Geschichte schon aus irgendeinem Song kannte.

Melina Mörsdorf

Gedankenminuten

Noch fünf Meter große Schritte machen, nur noch fünf Meter, dann bin ich in Sicherheit. Den Schlüssel an der Rezeption abholen, die dreiundzwanzig Stufen zu meiner Etage hochsteigen und die von Hitze und Feuchtigkeit verzogene Tür mit den albernen Goldziffern zu meinem Zimmer aufschließen.

Warum tut ihr bloß so, als ob Ziffern aus Gold zu eurem Repertoire gehören müssten? Sie sind so peinlich, dass ich sie am liebsten herunterreißen möchte. Warum bleibt ihr nicht konsequent bei der Armut, die mir in dieser grausam-lauten Stadt schon beim Erwachen wie der Geruch von faulenden Papayas in die Nase steigt?

Nr. 213. Kleine Ziffern aus Spanplatten ausgesägt, mit Goldfarbe angepinselt. Klick, die Tür ist zu, ich bin in meiner Höhle. Fülle meine Lungen mit dem Qualm der billigen *Sportsman*-Zigaretten. Ein besserer Geschmack als der von der Straße ... Abgase, Uringestank, Armut, gesammelt in meinem Mund. Ich inhaliere, sehe zu, wie sich der Rauch in kleinen Dunstwolken durch das Moskitonetz meines Fensters zu drücken versucht. Es schafft und doch nicht schafft: mein Zimmer bleibt neblig.

Ich bleibe neblig, suche nach dem Grund für mein Hiersein. Abwarten, bis der Tag vorbeigeht, die Stunden mit nichts füllen, mit Rauchen, mit Lesen, mit Schreiben. Mit Warten auf den Moment, da mich der Hunger runtertreibt in die Kantine, zu zwei Chapatis mit Bohnen. Warten auf den Moment, da ich in den Bus steige, der mich von hier wegbringt, der mit mir über lange, staubige Straßen durch vertrocknete Landschaften nach Nairobi fährt. In eine neue Sicherheit, eine bessere Sicherheit als dieses beschissene Hotelzimmer.

Mein Magen knurrt und drängt mich in die Kantine. Ich will nicht, will den Hunger abschalten. Mir wird schwindlig. Einfach nicht drauf hören. Durchhalten habe ich nirgends besser gelernt als hier: Tage, die nicht sein sollten, durchhalten. Momente, die wehtun, durchhalten.

Mich hat die Angst vor dieser Stadt zu schnell durch sie hindurchgetrieben. Ich wollte mich nicht aufhalten lassen, wollte nicht nach links und rechts schauen, wollte nur meine Zweitageration an Zigaretten holen. So wenig wie möglich von dem sehen, was mir Angst macht: Diese lauten, dreisten Menschen – schreit nicht immer *Msungu* hinter mir her! Es ist so, wie es ist, ich bin weiß, ihr seid schwarz. Ich weiß das besser als jeder andere hier.

Doch mein Magen knurrt, und zwar mächtig. Viel zu früh, es ist erst ein Uhr mittags. Das heißt, dass ich heute zweimal die dreiundzwanzig Stufen herunter- und hinaufsteigen muss.

Mit einem Stein im Magen lege ich mich auf mein knarrendes, hartes Bett. Zigarette. Sie ermöglicht mir den Gang zur Toilette und das seltsame Gefühl von Befreiung im Kopf. Später werde ich weinen, das weiß ich, werde über das Verlorene weinen. Zeit ist doch kostbar, nicht wahr? Oder sollte ich mir ein Beispiel an den Tagelöhnern da draußen nehmen, die sich bei allem so viel Zeit lassen, wie sie brauchen? Insbesondere dann, wenn ich warte?

0177/8765432_:

Na hör mal.

Vielleicht brauche ich die Zeit in dieser Stadt, um sie zu begreifen.

Ich schlafe ein und verhindere so, dass ich noch ein zweites Mal in die Kantine gehen muss. Wache auf. Halb sechs, morgens. Verdammt, so ist der Tag nur länger. Die Sekundenzähler kleben an der Wand wie Schmeißfliegen. Ich denke, ich werde drei Zigaretten rauchen, bevor ich zum Frühstück runtergehe. Höre die Männer draußen an die Türen der *Dalla-Dallas* schlagen, die Fahrtrichtung der Busse laut in die schon jetzt verdorbene Morgenluft schreien. Träume drei Zigarettenzüge lang von der Ruhe in meiner Straße zu Hause, morgens, wenn nur Vögel singen. Vögel gibt's hier keine. Die sind alle abgehauen. Warum habt ihr mich nicht mitgenommen? Nicht, dass ich denke, dieses Land wäre schlecht – aber zu mir ist es schlecht, zu mir, der kleinen, weißen, dummen Europäerin, die zu lange braucht, um zu begreifen.

Nach den ersten zwei Zigaretten gehe ich in den Waschraum, träume drei Zahnputzsekunden davon, endlich wieder Wasser aus der Leitung trinken zu können. Gleich werde ich mich noch eine Weile auf den Flur vor den Zimmern setzen, der nur durch eine mit quadratischen Öffnungen durchbrochene Steinwand von der Außenwelt getrennt ist, werde die Leute draußen in ihren verdreckten Kleidern beim Schreien und Laufen beobachten, werde meine letzte Zigarette vorm Frühstück rauchen und so tun, als gefiele mir das «bunte Treiben» dort unten.

Langsam steige ich die unendlich oft gezählten dreiundzwanzig Stufen hinunter und setze mich mit meinem Frühstück an einen leeren Tisch. Werde mich ganz bestimmt nicht zu den dämlichen Backpackern mit ihren ideologischen, politisch korrekten, naturverbundenen Gedanken über Afrika setzen.

Auf der grünen Wiese des Innenhofs spielen die Kinder der Grundschule, die im Erdgeschoss des Hotels untergebracht ist. In ihren dreifach geflickten rosa Schuluniformen sehen sie geradezu rührend aus. Kreischendes Kinderlachen hämmert mir die letzte Schläfrigkeit aus dem Kopf. Seid doch einfach still. Ich weiß doch sowieso, worüber ihr lacht: über uns hässliche, albinogleiche *Msungus*.

Zum Rauchen setze ich mich an den Rand des Rasens, zeige ihnen, dass ich mich nicht schäme, so zu sein, wie ich bin. Ich ertrage ihre Kleinkinder-Scherze, die ich nicht verstehe. Beachten tut mich keines von ihnen. Bis auf den Kleinen dahinten in der Ecke. Er lächelt – hinterhältig? Mein Gott, Melina, es sind doch noch Kinder! Ja, er lächelt, und er macht zögernde Schritte in meine Richtung. Kommt geradewegs auf mich zu, dringt mit erleichternder Frechheit in die Rauch-Frust-Angst-Wolke um mich ein, steht da, sagt nichts.

«Jina lakunani?», mache ich den ersten Schritt.

Was Besseres, als in gebrochenem Suaheli nach seinem Namen zu fragen, fällt mir auch nicht ein.

Antwort: «Juma.»

Schweigen. Drei Zigarettenzüge später lüfte ich das Geheimnis und sage ihm, wie man mich ruft: «Mimini Melina.»

Einschüchtern lässt er sich nicht. Riecht er die Angst, die ich vor seinem Land habe? Spürt er, wie sehr ich menschlichen Kontakt brauche? Ohne als weiß oder schwarz zu gelten, nur als Mensch?

Dann ruft er wirres Zeugs, die Wolke verdichtet sich wieder, am liebsten würde ich aufstehen, doch er hält mich fest mit seiner Hand, einfach so. Mehr Kinder kommen. Ihre Namen kann ich mir nicht merken. Einige Mädchen fangen an, ein Lied zu singen, ich kenne die Melodie selbst aus meiner Kindheit. Sie lächeln alle ihr breites Strahle-Lächeln, gucken neugierig. Ja, ich weiß, dass ich komisch aussehe! Nicht wie ihr mit eurer ebenholzfarbenen Glänzehaut.

Plötzlich muss ich an die Worte meiner Mutter denken. «Sei ein wenig positiver», sagte sie. Ich lächle. Die Colgate-Zahnreihen vor mir werden breiter. Hände nähern sich den meinen, ohne dass ich es bewusst wahrnehme.

Die Wolke löst sich in winzige Nichtigkeiten auf, fliegt fort, lässt mich endlich allein. Ich staune über das unbeschwerte Umgehen der Kinder mit einer Fremden, mit mir. Ich sehe Menschen lächeln, die mich und die Kinder beobachten. Kindersatz um Kindersatz fliegt mir um den Kopf. Ich verstehe nicht, versuche mich zu erklären. Wir lachen. Lachen über unnütze Dinge. Unnütze Dinge wie Sprachen, Hautfarben und Alter. Verständigen uns mit Händen, mit Füßen. Ich fühle mich angenommen, das erste Mal. Es ist schön.

Der Bus sollte schon vor eineinhalb Stunden abgefahren sein, steht noch da, wird immer voller gepackt, mit Menschen, Hühnern und Taschen, die nach Nairobi wollen. Das bunte Treiben beobachtend, schaue ich aus dem Fenster. Vielleicht komme ich eines Tages zurück nach Dar es-Salam.

0177/12345678:

DU HAST MICH SCHON MEHR ALS EINMAL VERLETZT.

Jean Balke Seitenwechsel

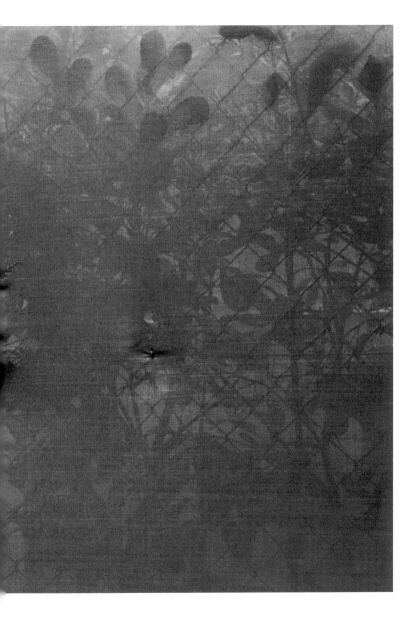

Andrea Kunz Dûne du Pilat

0177/8765432_ :

ich hab mich doch geändert.

0177/12345678:

UND JETZT WILLST DU DICH ALSO MAL WIEDER
EINEN ABEND LANG GANZ ALLEIN ÄNDERN, JA?

WÜNSCHE

Juliane Schüler

Svenja Alt

Dorothee Haller

Christiane Dohnt

Mirjam Steinborn

Arnica Boontjes

Meike Linn

Katrin Hassenpflug

Sabrina Eisele

Die Abschaffung der Kälte

Die Abschaf- fung der Kälte

Juliane Schüler

Die Abschaffung der Kälte

Fünfzehn blaue Teller stapelten sich auf der Anrichte vor meiner Nase. Blaue Teller mit schwarzem Rand und dem Firmenemblem in Form einer kleinen schwarzen Gabel. Die Bedienung brachte ein neues Tablett mit einer schier unendlichen Anzahl schmutziger Tassen, Teelöffel, Untertassen und halb leer gegessener Teller zurück. Die Küchenfrau legte im Minutentakt verkrustete riesige Töpfe und Kartoffelstampfer in die Spüle. Es schien, als wollte dieser Abend im *Vakari* überhaupt niemals zu Ende gehen, aber eigentlich ging mir das in jeder Schicht so, und das bedeutete mindestens zwei verdammte, versaute Tage pro Woche.

Aber warum kostete ein Studium auch so furchtbar viel Geld? Nicht, dass ich wie so viele andere schon eine eigene Wohnung oder ein WG-Zimmer hätte. Aber ich studierte ja schließlich an einer nicht völlig kostenlosen Privathochschule für Modedesign. Dieser Luxus forderte seinen Preis, und mein Vater verdiente als Taxifahrer nicht besonders viel. Ebenso wenig wie meine Mutter, die als relativ abgetakelte Schlagersängerin von Autohaus zu Autohaus zog, um das Lied vom rosaroten Peugeot zum Besten zu geben.

«Ricarda, du musst schneller machen. Es sind kaum noch genügend Gläser da, und es kommen immer mehr Leute.»

Helga rannte hektisch durch die Gegend, dass ihr großer Busen auf und ab wippte, und riss genervt die dummen

0177/8765432_:

na ja, das nun nicht grade.

großen Rehaugen auf. Ich fragte mich, wer sie wohl auf die Idee gebracht hatte, ihren dicken Bauch durch Stretchleggings zu betonen.

«Ich mach doch schon, so schnell ich kann. Sollen die Scheißteller denn sauber werden oder nicht?»

Helga verzog das Gesicht und marschierte schwungvoll mit drei Tellern Spaghetti zu unserer werten Kundschaft, um sie mit ihrem schicken 80er-Jahre-Look zu beglücken.

Der Mond, der ein abnehmender war, schimmerte matt durch das Küchenfenster. Sebastian rührte in einer Schüssel mit undefinierbarer Pampe herum und lamentierte lang und breit über die Vor- und Nachteile des D1-Netzes gegenüber dem E-Plus-Netz. Auf dem Mond waren es vielleicht gerade minus 80 Grad.

Was wissen die Leute schon von Liebe?!

Ich weiß noch, seine Haare waren blond wie pures Gold. Oder gelb wie der Weizen, wenn man es so sehen will.

«Hab ich dir schon erzählt, dass Rita gestern da war?»

«Äh, was?»

Ich hatte nicht einmal bemerkt, dass Marco, unser oberschlauer Superkellner, etwas zu mir gesagt hatte. Manchmal sagte er tatsächlich mehr als *scheiße* oder *fick dich.* Aber er hatte sich schon wieder umgewandt, um seine Zigaretten zu suchen, und wahrscheinlich längst vergessen, dass er mich etwas gefragt hatte. Fünf Sekunden sind eben eine lange Zeit.

Rita?

Mit ihr war ich mal in «Nathan der Weise» gewesen, in einem kleinen Theater in München, das mit roten Samtteppichen ausgelegt war. Wir waren schon halb beschwipst gewesen und hätten uns totlachen können über irgendwas. Damals hatte ich gelacht über ihre Worte, als sie sagte, es wäre so schwer, am Leben zu bleiben.

Gestorben bin ich erst viel später. Als wir uns schon längst aus den Augen verloren hatten.

Wieder rot, immer rot.

Er hatte rote Rosen im Arm, als er es sagte ... Und es war schwer, am Leben zu bleiben ...

«O Scheiße, verdammter Mist. Geht raus aus der Küche, alle.» Unsere Chefin war sichtlich schockiert und hatte einen so hochroten Kopf, als wäre sie soeben aus einer Sauna geflüchtet. Wir verstanden nur Bahnhof, aber als Herr Sergmeier den Raum betrat, wurde uns einiges klarer. Herr Sergmeier war vom Ordnungsamt.

«Diese Lebensmittelkontrolle ist doch eine willkommene Abwechslung, oder?», raunte ich meinem Verehrer Andreas zu, ebenfalls jobbender Student. Nicht nur in seinem BWL-Studium ein berechnender Stratege, nutzte er die Gunst der Stunde, um mich zu einer Party bei seinem Kumpel Mike zu schleppen. «Wir haben ja jetzt eh frei, sozusagen.» Lustlos folgte ich zum Ausgang unserer «Arbeitskneipe».

Schnee! Draußen lag ja Schnee!!

«Es hat geschneit!», jubelte ich und nahm Andreas' Arm, der vor Begeisterung fast geschnurrt hätte.

Man kann mit den Menschen nicht über Schnee sprechen. Vielleicht werden sie zufällig mal «Fräulein Smillas Gespür für Schnee» lesen, aber sie werden nie verstehen, was Poesie ist. Sie sehen sich «Gute Zeiten, schlechte Zeiten» an, aber sie verstehen nichts. Sie verstehen nicht den Wind, verstehen nicht die Sterne. Sie wissen

WIE SOLL ICH ES DENN SONST AUSDRÜCKEN?
FORTBILDEN? FORTPFLANZEN?

*nichts von singenden Regentropfen und von Explosionen der Luft-
moleküle, die die Haut erhitzen. Sie verstehen weder etwas von
Zartheit noch von Ekstase. Die feinen Schwingungen sind ihnen
völlig fremd. Sie sehen einfach nicht die Poesie, fühlen nicht den
Schnee.*

«Und was meinst du dazu?», fragte mein potenzieller Se-
xualpartner.

«Ich denke, dass Nitroglyzerin dem Natriumkarbonat vor-
zuziehen ist.»

«Was?!! Ich habe dich gefragt, ob du schon mal bei Mike
warst!»

«Nein, aber vielleicht entscheide ich mich doch für H_2O anstatt für Nitroglyzerin.»

«Du hast echt 'n Dachschaden.»

Die Party war so, wie die meisten Partys eben sind: laut,
dunkel und langweilig. Den Feierabend-Freiheitskämpfern
von Mikes Clique versuchte ich aus dem Weg zu gehen und
stürzte mich lieber auf den Kartoffelsalat.

«Hallo, ich bin der Franz, und wer bist du?»

Was weiß ich denn, wer ich bin? Aber ich antwortete sitt-
sam und brav, «Ricarda». Der Typ baute sich vor mir auf, sodass seine rote Cordjacke unter der Lampe glänzte.

Rote Cordjacken.
Verwaschene Jeans.
Das war E R gewesen.
Und leuchtende Augen.
Und warme Hände.
Liebende Hände.
Auch: böse Gedanken.
Und alberne Witze.

0177/8765432 _ :

he! das ist echt nicht fair.

Und kindliche Träume.

Und große Verzweiflung.

Ich habe so vieles gesehen.

Vieles ist es kaum wert, gesehen zu werden.

Er war es wert. Glänzender, glühender, magischer Stern.

Neben mir am Buffet entdeckte ich meine Kommilitonin Lisa. «Die ist doch scheiße, die Party», sagte sie, «wollen wir nicht abhauen?»

«Warum nicht? Und wohin?»

«Boogie-Bar?»

«Klar doch. Bloß weg hier!»

Sollte Andreas sich doch jemand anderen suchen, der ihm seine Brüste zur Verfügung stellte. Ich hatte keine Lust mehr auf seinen schönen Körper. Bisher hatte ich ihn noch immer abgewiesen. Schöne Körper gibt es viele ...

Mich fror. Es war nicht der Winter, war nicht der Schnee.

Ich blickte auf die stummen, finsteren Fenster der Häuser hinaus.

Man kann mit den Menschen nicht über Liebe sprechen.

Ja, es gibt Eltern und Freunde, die mehr oder weniger gelangweilt zuhören. Sie nicken verständnisvoll und wundern sich. Sie verstehen nichts von geflüsterten Küssen, verstehen nichts von Tango auf dem Klodeckel und von nächtelangen Diskussionen über Balzac oder schauspielerischen Anwandlungen im voll besetzten Bus. Es ist sinnlos, ihnen etwas zu erzählen. Besser ist es, zu schweigen. Sie verstehen nichts von den Eruptionen unterhalb der Fassade.

Weißer Schnee. Er verdeckt für kurze Zeit die alten Coladosen. Wir kommen am Heinepark vorbei. Einsam und verlassen liegt er da. Kein Mensch ist zu sehen. Lisa kichert über irgendeinen Witz, den ich nicht gehört habe. «Schau mal, da ist jemand», flüstert sie, als wolle sie damit sagen, dass das nur ein Psychopath sein könne. Immer näher kommt er auf uns zu, er sieht groß und unheimlich aus in der nächtlichen Wildnis eines Stadtparks. Aber ich sehe nur: *rot, rot, rot, rot ...*

Ich schreie laut auf, Lisa hält mich fest.

Eine rote Cordjacke. Ich schreie.

«Was um alles in der Welt ...» Weiter kommt er nicht.

Die Venus scheint genau auf den schneebedeckten Rasen hinter uns. Bäume ächzen unter der ungewohnten Last, eine Krähe schreckt auf und verschwindet, die eisige Luft schneidet Wunden in die Haut. Lisa versteht kein Wort. Wir auch nicht. Aber das ist nicht die Zeit, um Fragen zu stellen.

Der Mond lächelt, und unsere Wimpern schlagen aneinander. Schimmernd nimmt der Schnee uns in seine Arme, mich und den einzigen Menschen, der sie je verstanden hat, den Fuchs und die Schlange und die Rose. Der Schnee streichelt seine Haare, schmilzt auf meinen Lippen, kühlt meine Beine und meine nackte Brust, brennt auf seinem Rücken und färbt seine Nase rot, küsst seinen Penis, spielt mit seinen Augen und umarmt unser beider Seelen. Das Eis ist nur scheinbar kalt.

Vielleicht – vielleicht auch nicht. Vielleicht – vielleicht werde ich niemals wieder frieren.

0177/12345678:

ICH BIN UNFAIR? ICH? NUR WEIL ICH DIR AUF DIE
SCHLICHE KOMME?

Svenja Alt

Ein Kirschbonbon vor Wolke 7

«Ne du, tut mir Leid, da kommst du zu spät ...»

«Lass mich raten. Phillip?»

«Ja, sorry. Er hat mich für heute ins Kino eingeladen, und ...»

«Kein Problem, verstehe ich!»

«Wirklich?»

«Hab ich eine andere Wahl?»

Peng. Aufgelegt.

Meine Hand drückt den Hörer so fest auf das Telefon, dass die Knöchel weiß werden. Der Griff lockert sich, wird wieder fester. Ich lege den Hörer neben das Telefon.

Ich schäme mich. Warum schäme ich mich?

Seit Wochen geht das jetzt schon so. Phillip hier, Phillip da, Phillip, der Supermann, überall. Er scheint mir allgegenwärtig. Wie ein Nebel hat er sie eingehüllt. Härter als LSD und Ecstasy zusammen. Phillip muss eine human-chemische Droge sein mit unbekannter Zusammensetzung. Nebenwirkungen garantiert: Flugobjekte im Bauch, akute Vernachlässigung der besten Freundin.

Beste Freundin? Lange her.

Ich starre aus dem Fenster. Ein leerer, fahler Blick. Ein Außenstehender würde meine Haltung wohl als apathisch bezeichnen. Ich bin ein apathischer Vulkan. Lange tot, jetzt brodelnd. Seit Wochen. Heute kam der Ausbruch.

Der Himmel erinnert mich an Milch. Kalt und still hängt er über mir. Weint mit. Die Regentropfen laufen das Fenster herunter. Manche haben es besonders eilig. Manche weniger. Sie treffen auf andere, vereinen sich, führen ihren Weg gemeinsam weiter.

Gemeinsam. Hat das Wort Bedeutung?

Vielleicht vor Monaten, vor Wochen. Da bestimmt.

Ich schnappe nach Luft, mein Körper schüttelt sich, bebt. Meine Augen brennen. Ein Ärmel wischt über mein Gesicht. Habe ich meinen Arm gehoben? Meine Haut scheint taub.

Ich bin wie gelähmt, nur mein Gehirn arbeitet.

Du hast dich selbst belogen, du wusstest immer, dass es Eifersucht ist.

In meinem Kopf beginnt es zu hämmern.

Ich begreife.

Draußen wird es langsam dunkel. Jemand rührt Kakao in den Himmel, nasse Blätter schlagen gegen das Fenster. In meinem Bauch ist plötzlich Schmerz. Er zieht bis zum Hals hoch, brennt in der Brust, erfüllt meinen Körper.

Ich habe Angst, sie zu verlieren. Vermisse ihre Stimme, ihr Lachen, ihre Freundschaft.

Aber da ist mehr.

In Gedanken fülle ich einen Bankscheck aus. Wert: hoch. Kaufgegenstand: Traummann, inklusive Verliebtheit, Nähe, Vertrauen.

Seit sie Phillip hat, ist mir vieles bewusst geworden. Ich bin nicht die starke Singlefrau, die ich immer sein wollte. Unverwundbar, unabhängig, allein, aber glücklich. Wenn Glück in Tränen steckt, habe ich nichts mehr davon in mir.

Leer gepumpt. Ausgesaugt.

0177/8765432_:

du hast doch keine ahnung.

Ich bin verwirrt, verzweifelt, meiner Wahrheit ausgeliefert. Alles ist klarer.

Ich schniefe so fest in ein Stück Klopapier, dass der Druck mir die Ohren verschließt. Halb taub und mit knallroten Augen schaue ich in den großen Wandspiegel, der mir gegenüber hängt.

Die verlaufene Tusche gibt mir ein maskenhaftes Aussehen. Wie an einer Fensterscheibe läuft sie an mir herunter, schwarze Regentropfen.

Ich muss lachen. Erst leise, dann laut. Es hallt in meiner Kehle.

Ich lache über mich selber. Darüber, dass ich mir Leid tue, über meine Verlogenheit, mein Erwachen nach hundert Jahren Dornröschenschlaf.

Ich öffne meine Haare, binde sie erneut zu einem Zopf zusammen, wische mir die getrocknete Tusche aus dem Gesicht. Langsam gehe ich ins Bad, drehe den Wasserhahn auf.

Das kalte Wasser tut gut.

Ich wache auf, als ich an der Haltestelle stehe.

Ziehe den Schal bis zur Nase hoch.

Atme langsam ein und aus. Merke, wie der Schal feucht wird.

Jeder Tropfen, der auf meinen Schirm fällt, hinterlässt einen dumpfen Schlag. Manche klingen hell, andere hört man kaum.

Als ich meine Hände in die Jackentasche stecke, bemerke ich einen Widerstand. Ich hole das Bonbon heraus, betrachte es lange, drehe es zwischen den Fingern. Es ist rot, wie meine Handschuhe.

Dorothee Haller ➤ ➤

Ich drehe die Enden auf, reiße das klebrige Papier mit den Zähnen ab. Es riecht nach Kirsche und schmeckt intensiv.

Meine Zunge führt es durch den Mund.

Eine süße Wärme durchzieht meinen Körper. Tröstend. Beruhigend.

Der Bahnsteig ist voll von Menschen. Ein buntes Meer aus Regenschirmen.

Das Bonbon wird langsam kleiner, der Geschmack weniger intensiv.

Der Himmel erinnert mich jetzt an starken Kaffee.

Die Sterne sind der Zucker.

Wie kommt man bloß auf solche Gedanken?

Das Ruckeln der Bahn macht mich schläfrig, ich lehne den Kopf gegen die Scheibe. Lege die Füße auf den Sitz mir gegenüber. Die vorwurfsvollen Blicke des Alten neben mir ignoriere ich.

Die Lichter der Stadt ziehen an mir vorbei.

Autos überholen die Bahn.

Ihre Lichter bilden im Dunkeln gelbe Streifen.

Zeitlos rasend.

Ich denke an nichts und doch an alles.

Ob es da oben wirklich für jeden von uns eine Wolke 7 gibt?

Wenn ja, dann habe ich sie bisher immer übersehen. Oder einfach noch nicht gefunden. Vielleicht muss man auch erst die Leiter finden, die zu ihr führt, und dann darf man hochklettern. Sprosse für Sprosse.

Und wenn man oben angekommen ist ... ja, was dann?

Ob Petrus Bescheid gibt, wenn man kurz davor ist?

0 1 7 7 / 1 2 3 4 5 6 7 8 :

ICH BEFÜRCHTE, ICH MÖCHTE GAR KEINE AHNUNG HABEN, WAS DU MACHST.

➤ ➤ **Überraschung!**

«Tschuldigung, ist hier noch frei?»

«Ja ... – Klar!»

«Danke.»

Die Leiter.

«Himbeere?»

«Ne ..., Kirsche!»

«Riecht lecker.»

«Ist es auch.»

Ach ja. Petrus sagt nicht Bescheid.

0177/8765432_:

scheiße.

Christiane Dohnt

Einladung zum Hähnchenschenkel-Essen

Und da stehe ich nun.

Eigentlich hatte ich gedacht, dass sich Frauen auf die Anzeige melden. Aber das Gegenteil trifft zu. Wer weiß schon, was mich hinter dieser Tür erwartet!?!

«Da melden sich bestimmt nur Typen, die 'ne geile Schnecke für einsame Nächte haben wollen!», hatte Maxi gesagt. Hätte ich nur auf sie gehört – und geschrieben: «Weibliches Wesen sucht Weiber-WG.» Das wäre eindeutig gewesen – aber irgendwie auch männerfeindlich.

Was erwartet mich denn nun? Ich traue mich nicht recht zu klingeln, nehme stattdessen meiner Gesundheit jede Chance zur Entfaltung und gebe dafür meiner Haut die vorzeitige Möglichkeit, Falten zu produzieren. Man könnte auch sagen: Ich rauche eine wohltuende, beruhigende Zigarette.

In seinem kurzen Brief beschrieb er nur seine Wohnung, aber leider nicht sich selbst. Nur, dass er männlich sei, stand da, seine Adresse und ein «bei Müller klingeln». Was ist, wenn jetzt so ein Typ vor mir steht, den man eigentlich nur in seinen schlimmsten Träumen wieder findet? Bierbauch, fettiges Haar, Hosenträger, Büchsenbier in der Hand und 'nen dicken, fetten Joint in der Fresse.

Jetzt dramatisiere ich alles. Nach seiner Beschreibung muss die Wohnung himmlisch aussehen, und ich finde schon das Treppenhaus gewaltig: Mamortreppen und, wenn mich nicht

ALLERDINGS.

alles täuscht, Mahagonigeländer. Die Eingangstür ist so breit wie hoch und voller Verzierungen. Wenn du dich durch diese Eingangstür getraut hast, stehst du in einer Art Halle. Dann kommt eine Schwingtür, und nach dieser gewaltigen Maulsperre mit den heraustretenden Augen ist man endlich am Ziel seiner Träume: der Treppe. Der Mann hat Stil. Sollte ich bei ihm einziehen und irgendwann dann mal den Bundeskanzler heiraten, müsste ich mich zumindest für den Hausflur nicht schämen.

Und die Wohnung? Auf jeden Fall kann ich mir die Chance nicht entgehen lassen. Und bei allem Schiss vor einer Enttäuschung: ich will die Type nur einmal sehen.

Die Zigarette ist aufgeraucht, aber das ist noch lange kein Grund, wie ein wild gewordener Besen auf die Klingel zu stürzen. Ich habe Zeit. Viel Zeit. Kann mich noch ein wenig drücken. ‹In der Ruhe steckt die Kraft›, rede ich mich vor mir selbst raus. Und vielleicht bin ich in einer halben Stunde ruhiger. Man weiß ja nie. Ich glaube, ich habe ein kleines Café gesehen, direkt gegenüber von diesem Prachthaus.

Ich hatte Recht, da ist ein Café. Und schon sitze ich an einem kleinen Tisch in der Nähe des Fensters. So habe ich einen prima Blick auf das Haus. Bei jeder männlichen Person, die herauskommt oder sich hineintraut, versuche ich mir vorzustellen, dass das der Unbekannte ist. Wow!!! Ich muss die Wohnung bekommen! Geht gar nicht anders. Der Kellner kommt und verstärkt meinen Wunsch, nach Hamburg zu ziehen. Gepierct und tätowiert ohne Ende und die blauesten Augen, die ich je gesehen habe. Hamburg ist sooo schön ...

Aber jetzt muss ich doch kurz überlegen, warum ich immer herziehen wollte, bevor dieser Kellner in mein Leben trat.

Nein, erst müsste ich vielleicht etwas bestellen, sonst guckt mich dieser Engel noch weiter so an – wie 'ne Kuh, wenn's donnert. Ich genehmige mir einen Cappuccino und fange an, in Erinnerungen zu schwelgen. Es gibt eigentlich nur einen Grund, warum ich hierher ziehen wollte: Sam, meine erste große Liebe.

Wir hatten eine stürmische Beziehung – es war bis jetzt die schönste Zeit in meinem Leben. Drei Jahre ist das her. Ich hatte täglich neue blaue Flecken, und die, die nicht wussten, woher die stammten, dachten wahrscheinlich, ich werde täglich verprügelt. Dafür habe ich ihn blutig gekratzt. Einmal war es dann doch zu heftig, und meine Nase hat wilde Geräusche von sich gegeben. Sie war angebrochen und eine Woche lang auf die Größe eines Tennisballs angeschwollen. Dafür musste er mich dann gesund pflegen. Wir haben uns nie gestritten, wir haben uns nur leidenschaftlich gerne gegenseitig verstümmelt. Eigentlich eine ganz normale, harmonische Beziehung. Bis auf unsere nächtlichen Hähnchenschenkel-Wettfressen. Die waren schon ziemlich anormal.

Er wollte unbedingt DJ werden, hatte keinen Bock auf ein normales Leben. Sams großes Vorbild war *Westbam*. Ich hatte auch große Pläne und wollte Künstlerin werden. Wir träumten davon, nach Hamburg zu ziehen, weil ich doch Doktor Renz von den *Fetten Broten* heiraten musste, neben etlichen anderen Bekanntheiten. Bis heute habe ich zwar keinen von denen kennen gelernt, aber das wird schon noch. Kommt Zeit, kommt Rat.

Sam hat mir auch Heiratsanträge gemacht, und ich habe auch ab und zu mal ja gesagt. Aber wenn man täglich gefragt

0177/8765432_ :

ich hätt einfach irgendwas sagen sollen. fußball mit freunden oder so.

wird, macht es irgendwann keinen Spaß mehr. Wir wollten außerdem elf Kinder, und wenn die alt genug gewesen wären, hätten sie uns bedienen können. Das stand schon mal fest. Wir waren die Wiedergeburt von *Bonny und Clyde*, so sah ich das zumindest. Uns konnte keiner auseinander würgen, wir hielten zusammen, auch wenn es manchmal noch so stressig war.

Er musste dann aber wegen seiner Ausbildung zweihundert Kilometer weit wegziehen, und nach viermonatiger Quälerei haben wir beide gesagt, dass es nicht mehr geht. Es war schlimm, er gehörte zu meinem Leben. Kurz nachdem Sense war mit uns beiden, zog ich mit meiner Familie nach Berlin, und dort gab es zum Glück genug Ablenkung. Dazu machte ich noch mein Abitur. Wenn dann doch wieder mal so ein kleiner Anflug von Missmut in meine Richtung steuerte, vergrub ich mich in meinen Büchern. Durch gemeinsame Freunde erfuhr ich, dass er wirklich nach Hamburg gezogen war. Und dass er ab und zu in verschiedenen Clubs auflegen soll. Ich würde es ihm gönnen.

Die Simpsons-Melodie reißt mich aus meinen Gedanken. Am Handy ist Cindy. Die Einzige, die noch regelmäßigen Kontakt zu Sam hat. Seit drei Jahren erzählt sie mir, dass er nicht von mir loskommt, alle Weiber mit mir vergleicht und immer noch leidet.

«Babsi! Sam hat irgendetwas vor. Ich hab gerade mit ihm telefoniert, und er klang ziemlich zappelig. Heute ist ein bedeutender Tag für ihn, hat er gesagt. Mehr war nicht aus ihm herauszukriegen. Weißt du was?»

Dämliche Frage – ich habe seit drei Jahren kein Wort mehr mit ihm gewechselt! «Keine Ahnung, Herzchen, du kennst

0177/12345678:

AHA, ALSO BESSER LÜGEN, WIE? MACHST DU DAS SONST AUCH IMMER?

ihn, er übertreibt manchmal ein bisschen», antworte ich gelangweilt. Sam ist zu allem fähig. Vielleicht will er die Weltherrschaft an sich reißen, das wäre genau sein Ding.

«Ist doch aber komisch. Gerade jetzt, wo du in Hamburg bist ...»

Schluss jetzt. Soll sie sich alleine den Kopf zerbrechen. Ich lege auf.

Schon bekomme ich eine SMS. Bestimmt Cindy, die mich mal wieder zum Teufel wünscht. Nee, 'ne ganz andere Nummer, die ich nicht kenne:

BABSI, WO BLEIBST DU? DU BIST NOCH GENAU
DIESELBE WIE VOR DREI JAHREN: UNPÜNKTLICH
UND OHNE PLAN FÜR DIE ZUKUNFT! BEWEG
DEINEN SÜSSEN HINTERN, ABER DALLI!!!

Sam. So kann mich nur Sam niedermachen!!!

Ich bezahle meinen Cappuccino, und der Kellner hat einen riesigen Pickel auf der Stirn. Ist mir vorhin gar nicht aufgefallen. Ich renne über die Straße, werde fast überfahren, steige die Treppen hoch und nehme gleich drei Stufen auf einmal. Ich bin immer noch nicht ruhiger, und trotzdem drücke ich auf den Klingelknopf. Die Tür geht langsam auf.

«Willkommen zu Hause, Babsi. Wurde auch langsam mal Zeit. Drei Jahre sind ganz schön lang, um nach Hamburg zu fahren. Komm rein, die Hähnchenschenkel werden kalt.»

Er hat zwar nicht die Weltherrschaft an sich gerissen, dafür mich. Ich glaube, das reicht erst mal, den Rest erledigen wir später.

Arnica Boontjes

Über ein Leben wie jedes andere

«Hunger, Hunger!», rebelliert meine Schwester.

Zwölf ist sie. Und kochen kann sie gar nicht. Aber ich, und darum verziehe ich mich gleich in die Küche. Mein Papa kommt wahrscheinlich auch gleich, und da steht er schon in der Tür und ruft: «Hunger, Hunger!»

Irgendwie wiederholt sich alles immer wieder. Vielleicht bilde ich mir das aber auch nur ein.

Auf jeden Fall sind die beiden gesättigt nach der Riesenportion Tortellini. Und ich habe Zeit zum Lernen. Hatten wir das nicht schon mal? Ach ja, in der achten Klasse. Und in der neunten. Und in der zehnten, glaube ich, auch. Warum sollte es in der elften anders sein? Na ja, die Themen ändern sich wenigstens immer etwas, obwohl wir doch diese Sache mit den Römern in der siebten schon mal ... aber na ja, ich sehe das locker, lange lerne ich sowieso nie. Ich schlafe immer dabei ein. Schon seit der achten. Im Sessel, im Bett, sogar auf dem Fußboden, was ich als Heiltherapie ausprobiert habe. Ich bin mit einer Schulterzerrung aufgewacht, und seitdem lerne ich wieder im Bett. Da schläft man gemütlicher.

Die Römer können mir dieses Mal schon nach zehn Minuten gestohlen bleiben. Als ich aufwache, ist es zwölf Uhr. Ich stehe auf und mache das Licht aus. Das kann ich mit geschlossenen Augen, ist ja jeden Abend das Gleiche. Auch, dass ich zum Einschlafen ein bisschen weine. Das mache ich allerdings noch nicht seit der achten. Erst seit einem Monat. Aber es ist trotzdem schon eine Gewohnheit geworden.

Das Schlimme daran sind die verklebten Augen am Morgen. Tränenverklebte Augen sind das Schlimmste, was es gibt. Man sieht damit noch verschlafener aus, als man sowieso schon ist. Ich finde, ich sehe damit schrecklich aus. Gott sei Dank findet mein Freund das nicht.

Auf jeden Fall ist es sechs Uhr dreiundzwanzig, als ich müde und mit tränenverklebten Augen aufwache. Also habe ich Zeit für eine Dusche und einen Kaba im Türrahmen, bevor ich zum Bahnhof laufe. Beziehungsweise renne. Ich liebe es, zum Bahnhof zu rennen, wirklich. Würde ich es sonst jeden Tag wieder tun?

Chemie in der ersten Stunde ist nicht sonderlich aufregend, Geschichte und Physik schließen sich an, und zwei Stunden Englisch, gefolgt von Französisch, vervollständigen den Reigen der wunderbarsten Schulstunden überhaupt. Allerdings hätten wir genauso gut Mathe, Sport oder Deutsch haben können. Alles gleich schlecht oder gut oder egal. Manchmal frage ich mich, wieso ich überhaupt noch in die Schule gehe. Manchmal? Eigentlich jeden Tag mindestens zweimal.

Ich frage mich auch, wieso ich jeden Tag wieder nach Hause gehe. Um für meine Schwester und meinen Papa zu kochen, nehme ich an. Oder zu waschen. Und natürlich, um zu lernen für die ach so wichtige Schule. Ist das Leben nicht herrlich?

Und plötzlich, als ich gerade anfangen will, Kartoffeln fürs Abendessen zu schälen, klingelt es an der Tür. Bestimmt mein Freund. Oder die Nachbarin, um nach Milch zu fragen. Aber

`0177/8765432_:`

nein, natürlich nicht.

Meike Linn Reflexion

als ich die Tür aufmache, steht meine Mama davor. Meine Mama, die letzten Monat einfach ausgezogen ist, auf eine achthundert Kilometer entfernte Insel. Sie nimmt mich in den Arm, und alles ist wieder in Ordnung.

Ich schneide mir in den Finger und merke, dass ich schon wieder geträumt habe. Ich beobachte das Blut, das von meinem Finger tropft. Und sehe verschwommen die Tränen, die sich mit dem Blut vermischen und zu bizarren Formen werden.

Das passiert mir oft. Diese Tagträume, meine ich, die so real sind, dass ich sie für wahr halte. Aber sie sind es nicht. Also schäle ich weiter Kartoffeln, ignoriere Blut und Tränen, und irgendwann geht es mir dann wieder besser. Das ist immer so.

Und schon wieder steht meine Schwester in der Küchentür, meine Schwester, die nicht kochen kann und die ruft: «Hunger, Hunger!» Und da weiß ich, dass ich mein Leben weiterlebe und dass ich weiter zur Schule gehe und weiter koche und lerne und schlafe und weine. Und ich hoffe, dass das Leben noch ein paar schöne Überraschungen für mich bereithält. Die schönste wäre, wenn sie zurückkäme.

0177/12345678:

VIELLEICHT SOLLTEN WIR ECHT MAL WAS ÄNDERN.

Sabrina Eisele

Momente

Ich schaue vor mich. Auf meinem Schreibtisch liegt ein weißes Blatt. Wenige blaue Tintenstriche, viel Rot. In mir verkrampft sich alles, als ich die Zahl sehe, die in der rechten oberen Ecke thront. Wie ein fetter König. Schnell drehe ich das Blatt um. Ich will mich jetzt nicht mehr damit beschäftigen. Will lieber der Sonne zusehen, die sich über die Kante des Horizonts schiebt, um uns im Dunkeln zu lassen. Meine Mutter ruft. Das Essen ist fertig. Eigentlich fühle ich mich zu müde und deprimiert, um überhaupt noch gehen zu können. Meine Beine sind schwer. Ich will nicht nach unten, aber ich gehe doch. Als würde mich jemand bewegen, wie eine Marionette. Als ich die Tür zum Wohnzimmer öffne, schlägt mir ein würziger Duft entgegen. Doch heute habe ich keinen Appetit. Sagen tu ich lieber nichts. Das gibt nur Stress.

Sauber und ordentlich ist der Tisch gedeckt. Die Platzdeckchen liegen parallel zueinander. Das Besteck ist poliert und lässt nicht den Verdacht zu, jemals gespült worden zu sein. Vier Kerzen brennen in sauberen Haltern. Alle sind exakt gleich hoch!

Mein Vater sitzt am Kopfende des Tisches. Er trägt einen Anzug. Sein Hemd ist so weiß, dass es mich blendet. Meine Augen schmerzen. Bestimmt geht er nach dem Essen noch einmal ins Büro. Mein Bruder lächelt mich an. Sagt freund-

was meinst du denn damit?

lich hallo und fragt, wie es mir geht. Ganz automatisch antworte ich: «Gut!» Seine Frisur ist gerade gescheitelt, nirgendwo steht ein Haar heraus.

Gleich schäme ich mich für meine Haare und binde sie hastig zusammen. Fettig sind sie, ich hab sie schon lange nicht mehr gewaschen.

Das bemerkt auch meine Mutter, als sie aus der Küche kommt. Sie wirft mir einen vorwurfsvollen Blick zu. Das ‹Eigentlich könntest du doch endlich mal etwas aus dir machen›, das ihr auf den Lippen brennt, verkneift sie sich. Dafür strahlt sie meinen Vater mit ihren perfekt geschminkten Augen an. Streicht elegant, vornehm und zugleich sexy ihre langen, blonden Haare zurück. In mir erwacht der Wunsch, diese Haare wieder einmal zu berühren, wie ich es als Kind immer so gerne gemacht habe. Doch sie will das nicht. Meint, ich hätte immer so ungewaschene Hände!

Als ich mir noch einen Löffel Suppe holen will, zieht meine Mutter schnell den Topf weg. «Denk an deine Figur», zischt sie. Ich beiße mir auf die Lippe. Nur nicht heulen! Schnell konzentriere ich mich auf den Kirschbaum im Garten. Im Wind fallen unaufhörlich Blätter ab und bedecken den Boden. Es ist Herbst! Ob die Erde überhaupt noch atmen kann, so zugedeckt, frage ich mich. Mein Name fällt! Laut und hart. Keine Spur von Sanftheit! Ich wende mich wieder dem Gespräch am Tisch zu. Erwartungsvoll blicken sie mich an. Was ich in meiner Englischarbeit denn nun für eine Note hätte, wollen sie wissen. Jetzt gibt es keinen Ausweg mehr. Ich muss es ihnen sagen. Plötzlich tickt die Uhr in der Küche ganz laut!

Es rauscht in meinen Ohren, ich beginne zu zittern. Schon während ich das Ergebnis verkünde, laufen mir Tränen die

Wangen hinunter. Vor meinen Eltern habe ich seit Jahren nicht mehr geheult. Ich spüre, was ihnen auf der Zunge liegt. Ich wäre eine Schande für diese Familie: Hier hätte noch keiner versagt, und ich solle mich gefälligst anstrengen. Wie ich ihnen das bloß antun könnte, so eine ungepflegte, unintelligente Tochter haben zu müssen. Zu müssen! Zu müssen!

Als ich die ersten schmerzhaften Stiche der zerlaufenden Wimperntusche in meinem Auge spüre, gehe ich nach oben in mein Zimmer.

Lange sitze ich im Dunkeln auf meinem Fensterbrett und betrachte den Mond. Die Sterne! Aber Antworten finde ich nicht. Es müssen Stunden gewesen sein, in denen ich nur dasaß und nachdachte. Im Grunde hatten meine Eltern ja Recht. Erfolg war vorprogrammiert in unserer Familie. Warum also fiel ausgerechnet ich aus der Reihe?

Gerade als die Kälte des Fensterbretts langsam meinen Rücken hinaufzukriechen begann, klopfte es. Meine Stimme klang heiser, als ich hereinbat. Es war meine Mutter! Auf den ersten Blick hätte ich sie beinahe nicht erkannt, denn sie hatte sich abgeschminkt.

So hatte ich sie bestimmt nicht mehr zu Gesicht bekommen, seit ich fünf war. Sie kam langsam auf mich zu. Als sie mich in den Arm nahm, spürte ich eine wohltuende Wärme, die meinen Körper durchfloss. Ich genoss es, ihr seit langem einmal wieder so nahe zu sein, und atmete tief den eigentümlichen Geruch ein, den nur Mütter besitzen. Es war fast wie eine kleine Offenbarung, und es kam völlig unerwartet, als meine Mutter mir sagte, dass sie mich liebe.

0177/12345678:

VIELLEICHT SOLLTEN WIR MAL ANDERE SAITEN AUFZIEHEN.

MÄNNER:

Er

Michael Kraske

Er

Maria Hoffmann

gefiel

Julia Krewinkel

gefiel

Stefanie Frohwein

mir von

Monika von Aufschnaiter

mir von

Judith Höhne

Anfang

May Jehle

Anfang

Veronika Faustmann

an

Julia Jablinski

an

Anna Babuder

Michael Kraske

Bescherung

Nathalies runde Arschbacken sprangen von mir ab wie eine Flipperkugel beim Highscore. Sie hechelte wie ein Hund, lallte, als hätte sie die Kontrolle über ihre Zunge verloren, was mich weiter aufgeilte. Ich stieß sie genüsslich fester, ließ sie tanzen wie ein Jo-Jo. Sie stützte sich nur mit einer Hand auf, mit der anderen knetete sie ihre rechte Brust. Sie konnte kaum das Gleichgewicht halten. Wundervoller *Die-Welt-gehört-mir-Fick.*

Die Bäckerin hatte gelächelt. Die harten Typen auf der Straße waren im Spalier auseinander gewichen. Ich war unverwundbar. Und Thorsten hatte dieses dämlich-naive Grinsen im Gesicht, als er in das Reisebüro ging.

Immer noch spielte er den großen Bruder, der mich jederzeit in den Schwitzkasten nehmen könnte, der mich ansieht, als müsse er mir die Pampers wechseln, der sie alle haben kann, während sein kleiner Bruder es sich immer noch unter der Bettdecke selber macht. Jetzt guckte er mich aus einem schwarzen Holzrahmen heraus an, der auf der Kommode vor dem Bett stand. Auf dem Bild umarmte er Nathalie wie ein Großwildjäger, der den Fuß auf die erlegte Löwin stellt. Kein Jäger verdient eine Löwin. Die nächsten Stöße widmete ich Thorsten, der aus dem Holzrahmen heraus über unsere Bewegungen zu grinsen schien. Und die Unwissenheit dieses in Fo-

0177/8765432_:

ich bin mit den alten eigentlich ganz zufrieden.

tografie gefrorenen Lächelns stachelte meine Lust noch mehr an. Choräle des Rock and Roll jubilierten und huldigten mir. Ich bin so reich, so schön, so unsagbar nett, und ich kann singen und tanzen, ein Männerballett. Ich hatte mich aus dem Würgegriff meines großen Bruders befreit, war nicht mehr auf seinen Rat angewiesen. Er hatte mir erklärt, wie man einen Zungenkuss macht, ohne zu vergessen, mich darauf hinzuweisen, dass ich mich sicher einige Male wie ein Trottel anstellen würde.

Nathalies Stützhand knickte weg. Sie fiel mit dem Gesicht in den grauen Schlabberpulli, den sie eben noch getragen hatte. Thorsten grinste immer noch von der Kommode. Das Foto zeigte ihn in seiner lächerlichen Sparkassen-Uniform, einem billigen grauen C & A-Anzug. Er trug das Ding, als hätte er gerade einen Vertrag an der Wall Street unterschrieben. Aus der Wolle unter mir kam nur noch dumpfes Grunzen, was mich ermunterte, ihr ein paar heftigere Stöße zu versetzen.

Als die Tür aufging, war ich gerade in so vollendetem Rhythmus, dass mein Becken ganz automatisch noch ein paar Mal auf ihren Arsch hüpfte. Wie ein Ball, der nach dem ersten Aufticken immer niedriger vom Boden abspringt, bis er nach einiger Zeit auf dem Boden liegen bleibt. Nathalie wand sich in ihrem Pullover, unwillig, weil sie weiter Knallerei wünschte statt der sanften Massage, die es geworden war. Mit dem ersten Blick, den sie in Richtung Tür warf, fuhr ein Ruck durch ihren Körper, und sie spannte sich wie eine Balletttänzerin. Das brachte meinen Schwanz endgültig zum Stillstand. Er schrumpfte so rasant wie der Dax am Schwarzen Freitag. Thorsten stand einfach da. Aus der Wohnung nebenan war

0177/12345678:

ANSCHEINEND JA NICHT.

leise Musik zu hören: «Stille Nacht, heilge Nacht, alles schläft, einsam wacht ...» Vor dem Bauch hielt Thorsten einen Stapel Hefte. Wir waren ungefähr in derselben Augenhöhe, er vor, seine Verlobte und ich auf dem Modell *Gutvik*, 199 Mark im Räumungsverkauf. Ich hatte es selbst mit ihm von Ikea bis hier oben in den vierten Stock geschleppt. Er sah mir in die Augen. Dann sah er auf Nathalie, die immer noch vor mir kniete, und ging auf uns zu.

«Mallorca», sagte er. Dazu legte er einen Prospekt vor sie aufs Bett und kniete sich davor.

«Lanzarote hat diese schwarzen Lavasteine. Wie auf dem Mond ist das. Und man will sich ja auch die Insel angucken. Und dann diese Steinwüste. Das würde dich nur betrüben. Mallorca soll aber sehr schöne Farben haben im Frühling. Ich meine, jetzt ist da auch Winter, aber wenn wir fahren, können wir schon wieder Caipirinha auf der Terrasse trinken.»

Er redete und redete. Ich war aus ihr geglitten und kramte nach meinen Sachen, die im ganzen Zimmer verteilt waren. Er stand auf meinen Socken, sodass ich auf sie verzichtete und gleich in die Schuhe stieg. Ich behielt ihn im Blick, denn ich rechnete damit, dass er mir jeden Moment den Hals umdrehen würde. Komisch, früher hatte er mich bei jeder Gelegenheit verprügelt. Weil ich nicht mit Soldaten spielte, weil ich mich nicht traute, Äpfel zu klauen, und weil ich den anderen Jungs nicht die Luft aus den Reifen ließ. Als ich dann nicht zum Bund ging, sondern «alten Frauen den Arsch abwischen», wie er es nannte, hatte er die Hiebe bereits durch sein Grinsen ersetzt.

Ich hatte fast die Hose zu, als er den Katalog von Gran Canaria aufschlug, um zu beweisen, dass die Anlage *Rosita* nicht mit *Vamos* mithalten könne. Nur das Einkaufen sei bei *Vamos* ein Problem, weil der Supermarkt zwei Kilometer weit weg sei. Aber Kleinigkeiten gebe es sicher auch in der Anlage und überhaupt, Urlaub macht man ja nicht wegen des Einkaufens. Thorsten sprach mit weicher Stimme, so als wolle er die Zuneigung eines Kindes für sich gewinnen. In diesem Moment spielte meine Uhr «Freude schöner Götterfunken», um mich daran zu erinnern, dass wir alle in zwei Stunden bei Mama und Papa zum Gänsebraten eingeladen waren. Die beiden sahen nicht auf, so als wären weder ich noch meine Uhr im Raum. Ich drückte die Melodie mitten im Götterfunken aus und versuchte wieder, den obersten Knopf meiner Jeans zuzumachen. Aber der war noch nicht sehr beweglich, weil die Jeans neu war.

Ich ließ die Hose offen. Nathalie kniete immer noch in der Hundestellung und studierte interessiert die Beschreibung von *Vamos*. Auf die Jacke verzichtete ich ebenfalls. Sie lag zwischen Thorsten und dem Bett. Als ich die Tür zuzog, erklärte er gerade, dass das Wasserbett der eigentliche Hammer an *Vamos* sei.

0177/8765432 _ :

doch.

Julia Krewinkel

Er gefiel mir von Anfang an

Er gefiel mir von Anfang an. Um nicht zu sagen, ich war sofort hin und weg, als er mich mit einem verlegenen Lächeln nach Zigaretten fragte. Ob es eine billige Masche war oder keine Masche, sondern nur billig, war mir in dem Moment völlig gleichgültig. Wichtig war, dass er die blonde Simone, das «Hübschchen» hinter mir, nicht gefragt hatte – vielleicht, weil sie nicht rauchte? – und dass ich eine prall gefüllte Zigarettenschachtel in meiner Hosentasche hatte.

«Klar», sagte ich und versuchte bloß, nicht verkrampft zu wirken, sondern cool, locker und lässig. Am besten wäre alles gleichzeitig gewesen, aber das überforderte die Situation. Stattdessen wurschtelte ich erst mal umständlich die _Gauloises_ aus meiner Tasche heraus, wurde dabei rot und grinste verlegen. Er grinste zurück. Um nicht gar nichts zu sagen, stellte ich reichlich einfallslos fest: «Hab dich noch nie hier gesehen!»

Damit lag ich zum Glück gar nicht so falsch, und bevor ich mich für diesen Ausrutscher der platten Konversation in Grund und Boden schämen konnte – grenzte schon an «billige Masche» –, antwortete er auch schon, und das sogar ziemlich bereitwillig. Er hieß Jonas, wohnte erst seit zwei Tagen in der Stadt, kannte sich im Nachtleben noch nicht so aus, war tatsächlich zum ersten Mal hier in unserer Stammdisco und kannte noch fast keinen. Niemanden wäre wohl korrekt gewesen: Sein Studium – Politik – fing erst in zwei Wochen an.

Aha.

Ich stellte ihn stolz meiner Clique vor, die hinter mir über Dönerläden diskutierte, aber hundert Pro jedes Wort unseres Gespräches mitverfolgt hatte.

Ich bewunderte, wie Jonas mit der Situation umging, sich mit der richtigen Mischung aus Zurückhaltung eines Fremden und dem zum Anschlussfinden nötigen Selbstbewusstsein ins Gespräch einbrachte. Als *Blink 182* gespielt wurde, fragte er in die Runde: «Wer kommt mit tanzen?», und drängte auch schon in Richtung Tanzfläche. Nach zwei Schritten drehte er sich noch einmal um, schaute mir direkt in die Augen und winkte, ich solle auch kommen. Ich kann es ja nicht ausstehen, wenn jemand anderes die Kommandos gibt und ich die Rolle des Hinterherdackelnden übernehmen soll, also gab es mir zu denken, dass ich bereitwillig hinterherdackelte. Vor allem, weil ich allgemein als Tanzmuffel gelte.

Er tanzte gut. Für einen Jungen sogar außergewöhnlich gut. Ich kam mir noch trampeliger und unbeweglicher vor als sonst. Später, als wir an der Bar standen, hörte ich ihn zum ersten Mal «seinen Spruch» sagen. Wir kamen nämlich durch Zufall drauf, dass er gar nicht weit von mir entfernt wohnte – man muss auch mal Glück haben im Leben! –, und er sagte: «Öfter mal 'ne kleine Überraschung!» Dabei fasste er sich mit der linken Hand an die Schläfe, schüttelte leicht den Kopf und lächelte ein stilles, versonnenes Lächeln. Jedes Mal.

Wir verabredeten uns für den nächsten Tag zum zweiten

0177/12345678:

UND WARUM BRAUCHST DU DANN NOCH NEBEN-
SCHAUPLÄTZE?

Frühstück in unserem Stammcafé. Von den anderen hatte keiner Zeit. Außer Simone natürlich, klaro.

Jonas wollte alles kennen lernen, wovor wir «Stamm-» setzten. «Können wir machen», sagte Frederik, «nur bei den Dönerläden können wir uns nicht einigen.»

– Gelächter –

«Ich hab's!», posaunte da Simone. «Das entscheidest einfach DU!»

Ich hätte Simone erwürgen können für diese grandiose Idee. Der Streit, welcher der beiden nebeneinander liegenden Dönerläden nun der bessere sei, zog sich nämlich schon seit Wochen hin. Jonas willigte natürlich ein: Die ultimative Entscheidung sollte am nächsten Abend getroffen werden.

Am nächsten Morgen tranken wir dann aber erst mal Kaffee im *Hamperle*, und das doch alleine, weil Simone kurzfristig arbeiten musste. Mir war's recht, und Jonas konnte seinen Spruch «Öfter mal 'ne kleine Überraschung» anbringen. Er aß ein Croissant zum Kaffee und hatte schließlich überall Krümel hängen. Ich musste lachen.

«Hey, nicht lachen!», rief er empört und lachte selbst.

Ich betrachtete mit einer gewissen Wehmut, wie er sich ungeschickt die Krümel vom blauen Wollpulli strich. Er hatte schöne, gepflegte Hände, und um den Hals, das fiel mir jetzt erst auf, trug er eine Kette mit einer weißen, einer hellblauen und einer blauen Perle. «Was bedeuten die?»

«Rate.»

«Blau ist Wasser.»

«Fast.»

«Das Meer.»

«Hey, du bist gut!»

tu ich doch gar nicht.

«Hellblau – der Himmel?»

«Wow, Kompliment.»

Auf Weiß kam ich nicht, und er wollte es mir auch nicht verraten. «Öfter mal 'ne kleine Überraschung», sagte er nur grinsend.

Na super.

Der linke der beiden Dönerläden wurde von Jonas zum Stammdönerladen erklärt. Jonas' langwierige Ausführung über das Warum interessierte mich kein bisschen. Ich war bloß froh, dass auch ich den linken lieber mochte.

Danach gingen wir noch alle Mann in unsere Stammkneipe, da kannten wir mittlerweile auch den Barkeeper. Jonas wurde Hans gleich mal vorgestellt. Während er sich noch angeregt mit ihm unterhielt, setzten wir uns schon. Als er ein wenig später zu uns an den Tisch kam, hielt er die Hand an der Schläfe, schüttelte den Kopf und murmelte etwas vor sich hin. Ich wusste auch, was.

«Was ist?», fragte ich schon ein wenig ungeduldig.

«Öfter mal 'ne kleine Überraschung», sagte er. «Hans kommt aus der gleichen Stadt wie ich und studiert auch Politik! Wir werden uns also öfter über den Weg laufen.» Dann hob er sein Glas und prostete uns zu: «Eine coole Stammkneipe habt ihr!» Später fragte er mich, ob ich ihm die Uni zeigen könne. Er wolle nicht wie Klein Dummchen in zwei Wochen da aufkreuzen. Ich tat so, als ginge ich alle mein Termine im Kopf durch, überlegte angestrengt und sagte nach einem gekonnten Zögern: «Okay, geht klar.»

Am nächsten Morgen holte ich ihn mit dem Rad ab, und als er fragte: «Isses weit?», sagte ich, ohne mit der Wimper zu zucken, ja. Ich war auf dem totalen Verarschertrip, erzählte am laufenden Band den letzten Mist. «Diese Brücke wird im Winter aus Sicherheitsgründen gesperrt, das heißt, du musst die nächste benutzen und zwanzig Minuten früher aufstehen.»

«Öfter mal 'ne kleine Überraschung», sagte er mit ironischem Unterton.

«Doch! Wir haben schon Unterschriften gesammelt, aber nichts tut sich.» Ich beobachtete, wie er konzentriert auf die Straße schaute und angestrengt überlegte, ob ich ihn wieder auf den Arm nahm oder nicht. Seine kurzen, schwarzen Haare hatte er wie immer mit ein wenig Gel gestylt. Im Profil wirkte er viel ernster als sonst. Dann verzogen seine gerade Nase und sein verhältnismäßig kleiner Mund sich plötzlich, und er lachte: «Du bist blöd!»

«Tja», sagte ich, «öfter mal 'ne kleine ...»

«Ich weiß!» unterbrach er mich etwas unwirsch, als dürfe nur er die kleinen Überraschungen des Lebens sehen, als gehöre ihm dieser Kommentar.

Später machten wir bei mir einen Videoabend und bestellten Pizza. Ich fragte, ob wir die anderen anrufen sollten. «Wie du willst», sagte er. Also fragte ich die anderen, weil mir kein Grund dagegen einfiel. Frederik, Simone (klaro) und unser Cliquenpärchen Nikole und Christian kamen. Jonas und ich wollten «Fargo» ansehen, doch dazu ließ sich keiner der anderen überreden.

«Dann schauen wir den eben, wenn wir euch alle hier rausgeschmissen haben», scherzte Jonas.

Worauf Simone reichlich dämlich fragte: «Wieso, bist du hier eingezogen?»

«Hä? Wie kommst du denn darauf?», stutzte Jonas.

0177/12345678:

ACH, HÖR DOCH AUF. ICH LASS MICH DOCH NICHT FÜR DUMM VERKAUFEN.

«Na ja.» Simone war verlegen, und das zu Recht. Zu mir gewandt, sagte sie: «Deine Schwester ist doch ausgezogen, oder?»

«Ja», sagte ich nur kurz und wäre ihr mal wieder am liebsten an die Gurgel gesprungen.

Jonas sagte dazu nur: «Och, wusste ich ja gar nicht. Lustig wär's!»

Lustig!? Aha. Lustig.

Jonas ging schließlich als Erster. Er müsse früh raus, seine Eltern kamen morgen zu Besuch.

«Och, wusste ich ja gar nicht», bemerkte ich bloß trocken, und weg war er. Simone ging als Letzte. Und vorher musste sie mir noch ihr Herz ausschütten. Immerhin entschuldigte sie sich für ihre Bemerkung, sie konnte ja nicht wissen, dass ich es ihm nicht erzählt hatte ... Sie hätte gedacht ..., und verstehe ja auch nicht ..., warum, er wäre bestimmt ein angenehmer Mitbewohner ... und nicht nur das ... Kleine Pause.

«Duhu!? Ich hab mich in Jonas verknallt!»

«Ja, und jetzt?», fragte ich blöde und versuchte unbeteiligt zu klingen.

«Vielleicht kannst du ja mal vorsichtig nachfragen, wie er mich findet?»

Das durfte doch nicht wahr sein!

«Mal sehen.»

«Biiiitte!»

«O. k.»

Die nächsten zwei Tage sah ich Jonas nicht, er war mit seinen Eltern beschäftigt. Am dritten Tag fragte er, ob ich mit ihnen essen gehen wolle, seine Eltern würden mich gerne mal kennen lernen. «Na schön.»

0177/8765432_:

wenn du mir vielleicht mal zuhören würdest.

Es war erstaunlich unkompliziert. Sein Vater riss einen blöden Witz nach dem anderen, seine Mutter fragte mich ohne falsches Interesse nach meinem Studium, die Pizza schmeckte gut, der Wein sowieso. Am gleichen Abend fuhren sie wieder, und Jonas wollte ordentlich einen draufmachen, um das Ganze zu feiern.

Nach Feiern war mir aber gar nicht zumute. Ich musste nachdenken, für Jonas einen Platz in meinem Gefühlschaos finden. Abends, während ich Schubert hörte und wieder Wein trank, rutschte mein Gefühl für ihn beim näheren Hinschauen gefährlich nah an Liebe.

Wir hatten uns auf ein Katerfrühstück im *Hamperle* verabredet. Und das hatte er auch bitter nötig, denn als er mit einer halben Stunde Verspätung an unser Stammtischchen in der Ecke kam, sah er einfach schrecklich aus.

«Durchgemacht?»

Er grummelte irgendetwas und ließ sich schwerfällig mir gegenüber auf den Stuhl fallen. Aber ich war gnadenlos. Schon nach seinem ersten Schluck Kaffee legte ich los: «Simone hat mir erzählt, dass sie auf dich steht!»

– Stille –

Dann ein Seufzer und ein trockenes «Öfter mal 'ne kleine Überraschung».

«Bist du wirklich überrascht?»

«Na hör mal, wie sollte ich da denn drauf kommen?»

‹Stimmt›, dachte ich erleichtert. Er rührte energisch in seinem Kaffee.

Ich liebte seine Bewegungen, seine Augen, die nachdenklich in die Kreise im Kaffee starrten. Ich liebte ihn.

«Ich wollte dir noch was sagen.»

«Ja?»

Er sah auf und blickte mir direkt in die Augen. Als hätte mein Tonfall ihm verraten, dass jetzt etwas Wichtiges kam, wichtiger zumindest als die Sache mit Simone. Er hörte auch mit dem Gerühre auf, und es war auf einmal sehr, sehr still. Mir wurde unglaublich heiß.

‹Ich könnte so tun, als würde ich ihn verarschen›, dachte ich noch, aber da hörte ich mich auch schon sagen: «Ich hab mich in dich verliebt!»

– Wieder Stille –

Er hörte nicht auf, mich anzuschauen, und ich wartete darauf, dass seine Hand zur Schläfe fuhr und er seinen Satz abspulte. Aber es blieb still. Das überforderte seine Vorstellung von kleinen Überraschungen.

Vielleicht, weil ich Markus heiße.

Markus.

ICH HÖR DIR JA ZU – ABER GLAUBEN TU ICH DIR NICHT.

Stefanie Frohwein Schönes Auto!

Monika von Aufschnaiter

Think Thrice

Straßenbahnfahren am Abend. Lena, erschöpft von der Arbeit im Karatezentrum, hat einen Fensterplatz ergattert. Am liebsten würde sie niemanden hören, niemanden sehen. Um diese Zeit hasst sie Menschen. Als sie gerade ihr Gesicht in der Armbeuge vergraben will, setzen sich eine blonde Mutter und ihr etwa fünfjähriger Sohn neben sie.

Der Sohn klettert auf den Platz gegenüber, die Mutter setzt sich neben Lena und verschwindet sofort hinter ihrer *Bild*-Zeitung.

Armer Reporter. Hirn schon tot.

Was für eine Schlagzeile! Der Beweis, dass Hirn zwar tot, aber macht nix, weil Reporter schreibt und schreibt und …

Lena verkneift sich ein Grinsen. Der Kleine stößt inzwischen böswillig mit seinen Füßen gegen Mutters Knie. Nach etlichen Minuten – wahrscheinlich als sie den Absatz zu Ende gelesen hat – reißt sich die Mutter die Zeitung vom Gesicht und schrillt: «Schluss jetzt, Kevin!» Kevin haut zurück. Die Mutter verschwindet wieder. Aha. So geht Elternerziehung. Als die beiden endlich aussteigen, hat Lena so starke Kopfschmerzen, dass sie fast wünscht, auch ihr Hirn wäre tot.

Doch schon sitzt der nächste potenzielle Nervtöter da. Dunkles Haar, gebogene Nase, die Wangen voller Narbensplitter. Drei pralle Aldi-Tüten. Gleich kommt der Knoblauchgeruch

0177 / 8765432 _ :

da is nix und da war nix mit einer anderen.

rüber. Lena zieht vorsichtig die Luft ein. – Nein, doch nicht. Die Langeweile ist genauso unerträglich wie ihr Kopfweh. Sie schiebt sich einen Lolli in den Mund und streicht mit einem Seufzer ihr schneefeuchtes, kastanienbraunes Haar aus der Stirn. Draußen gähnt die Nacht. Nicht einmal die Autos können sie wach hupen. Unaufhaltsam bohrt sich sein Blick in ihre linke Schläfe. Einfach ignorieren. Demonstrativ zum Fenster raussehen. Gelangweilt Lolli rein, Lolli raus. Plötzlich wird ihr bewusst, was er sich jetzt wahrscheinlich denkt, während er ihr dabei zusieht. Sie hat doch keine Lust auf den Lolli. Weg damit. Lauter als nötig knallt sie den Müllbehälter zu.

Lena ist hübsch. Dunkles Haar und meerblaue Augen. Sie wird oft angestarrt. Natürlich bemerkt sie das – aus den Augenwinkeln. Die Männer kennen das nicht: aus den Augenwinkeln. Die glotzen immer frontal, unauffälliges Beobachten beherrschen nur Geheimagenten, und auch das nur in Filmen. Wenn es sie nicht gerade nervt, fühlt sie sich geschmeichelt. Besonders dann, wenn sie gerade einsam ist. So wie jetzt. Der hier mit der Adlernase kramt in einer seiner Aldi-Tüten, und sie ergreift die Gelegenheit, unverbindlich einen Blick auf ihn zu werfen. Lange schwarze Wimpern, Wash-and-go-Haar, sehnige Hände ohne Affenbehaarung. ‹Ganz o. k.›, beschließt sie, ‹ ... kann man ruhig noch ein bisschen starren.›

Als er sich unvermittelt aufrichtet, prallen ihre Blicke aufeinander. Überraschende Reibungswärme. Sie fühlt, wie sie rot wird. Was für Augen! Er lächelt. Sie wirft ihren Blick verwirrt aus dem Fenster. Der stumpfe Asphalt verschluckt ihn. Die Stadt entschwindet. Eine Weile spielen sie Blick-Pingpong und schweigen.

UND WIESO SOLLTE ICH DIR DAS ABNEHMEN?

Da durchbricht plötzlich von gegenüber ein Krächzen ihre Stille: «Jetzt sprecht euch doch endlich an, das sehe ja sogar ich von hier, dass ihr das beide im Kopf habt!» Ein Rentner mit Spazierstock und Gamsbart starrt sensationslüstern zu ihnen herüber. ‹Alter Spanner!›, denkt Lena wütend. Sie fühlt, wie ihr Gesicht rot anläuft ... aber was, wenn der Alte Recht hat?

Der dunkle Typ ist gar nicht so übel ... geheimnisvoll ... aus weiter Ferne ... vielleicht ist er unglücklich, einsam wie sie? Sie studiert seine groben, schwarzen Schuhe. Seine Hände. Es sind sensible, schöne Hände. Keine Brutalohände. Als er ihren Blick bemerkt, verzieht sich sein Mund. Ein Herzhüpf-Lächeln, für das sie sich nichts kaufen kann. Warum sagt er nicht endlich etwas? Ein bisschen genervt kehrt sie ihm den Rücken zu und gleitet mit ihrem Blick die Nacht entlang. Noch drei Haltestellen. Der Gamsbart-Opa steigt aus. Wie lange wird *er* noch da sein?

Plötzlich raschelt es in seinen Tüten. Am Rande ihres Gesichtsfeldes bemerkt Lena: Er fummelt an seinem Gesicht herum. Neugierig dreht sie den Kopf, in dem Moment sieht er sie voll an. Die Überraschung erwischt sie mitten in der Bewegung. Sie lacht laut los: Wo vorhin seine Adlernase war, sitzt nun ein verwarztes Plastikimitat mit Bürstelbärtchen unten dran. Sein Mund: ein Ohr-zu-Ohr-Briefschlitz. Lena lacht übermütig. «Wo haben Sie die denn her?»

Nuscheln hinter dem Schnauzbart: «Vom Schönheitschirurgen. Operieren hatte keinen Sinn bei mir.» Eine unglaublich samtige Stimme. Kein Akzent. Weil er lacht, lacht auch sie.

`0177/8765432_:`

ich glaub, du willst mir gar nicht glauben.

Neugier hüpft in ihrem Mund. «Wie heißen Sie?»

«Laurin. Und Sie?»

«Lena.» Laurin und Lena. Tanzt auf ihren Lippen. Wie ein Film. Oder eine Oper. Je länger sie seine Augen betrachtet, desto mehr leuchten sie. Die Farbe: «frische Kastanien im Sonnenschein». Vielleicht ist das Schicksal. Er und sie. Vielleicht ist es doch gut, dass sie kein Auto hat ... Ihr Kopfweh ist vergessen. Sie bemerkt, wie im Rückfenster ihre Haltestelle schrumpft. Was jetzt?

Sie überlegt fieberhaft, er knetet mit seinen Händen nervös die deutsche Maßnase. *Nächster Halt: Peterswalde. Endstation. Bitte alle aussteigen.* Ein erleichtertes Lachen gegen die Verlegenheit.

«So weit draußen wohnen Sie also?»

Lena schüttelt den Kopf: «Nein. Und Sie?»

«Ich auch nicht», erwidert er mit halb geschlossenen Augen und einem feinen Lächeln.

Als sie aussteigen, sind sie die einzigen Menschen weit und breit. Stehen eine Weile ratlos unterm schneeumstöberten Haltestellenschild. Die Kälte und der stechende Schnee fahren ihnen brutal ins Gesicht. Lena zieht den Schal enger um ihren Hals.

Da sagt er es: «Soll ich dich nach Hause begleiten?»

Das «du»... fast schüchtern, beschützend ...

Sie nickt, und ihre Wangen glühen. «Wenn du dich nicht fürchtest im Wald?», fügt sie neckend hinzu, «... da müssen wir nämlich durch.»

0177/12345678:

OH, DOCH. DAS WÜRD ICH SEHR GERN. ABER WENN DU MIR NICHT EINMAL SAGEN KANNST, WIE UND WO DU DEINEN ABEND VERBRINGST, DANN HABEN WIR UNS EH NICHT MEHR VIEL ZU SAGEN.

Sie wundert sich über ihr Vertrauen zu Laurin, den sie erst seit zwanzig Minuten kennt. Seine Schultern sind breit, die Arme muskulös. Seine Augen sprühen, wenn er lacht, selbst in der Dunkelheit. So wie jetzt, als er scherzhaft knurrt: «Keine Angst, ich bin böser als der böse Wolf!» Dazu rollt er seine Augen und fletscht die Zähne. Wie leicht er sie zum Lachen bringen kann. Ein Mann mit Sinn für Humor! Lena findet ihn immer sympathischer.

Sie sieht sich um: der Schnee, die knisternde Stille – in ihr wächst die Gewissheit, dass alles möglich ist an diesem magischen Abend. Die Straße ist leer. Ruhig. Friedlich. Sachte berührt Lenas Hand die seine. ‹Wie gut er sich anfühlt ...›, denkt Lena. Und hofft, dass auch ihre Hand sich schön anfühlt, weich und zart. Trotz des vielen Trainings.

Knisternde Stille liegt über den beiden. Um sie zu durchbrechen, sagt sie, was ihr gerade in den Sinn kommt: «Weißt du eigentlich noch, wie das Märchen von Rotkäppchen endet?»

«Nein. Ich mag keine Märchen», entgegnet Laurin entschuldigend. ‹Typisch Mann!›, denkt Lena, ‹ ... aber dieser hier ist wenigstens ehrlich.› Zufrieden lächelnd, betritt sie an seiner Seite den verschneiten Wald.

Laurin, der in Wirklichkeit Hans heißt, sieht dieses verträumte Lächeln nicht mehr. Es ist schon zu dunkel, und außerdem interessiert es ihn so oder so herzlich wenig. Was es doch für angenehme Zufälle gibt! Kaum macht sein Fluchtauto schlapp, begegnet er diesem hübschen, wehrlosen Mädchen, das seine kleine Hand gleich vertrauensvoll in die seine legt. Und *seine* Hand ist stark. Sehr stark ...

0177/87654321:

− − − *Brr* − − − *Brr* − − −

«Ja?»

0177 / 87654321:

«Hallo Schatz. Ich bin's.»

0177/12345678:

«Was? Willst du jetzt am Telefon weiterstreiten?»

May Jehle

Warum die Sintflut doch nicht kam

Spätestens morgen kommt die Sintflut.

Regen. Regentropfen. Wie viele Tropfen? Ob die Tropfen wohl die Scheibe einschlagen können? Glas splittert. Glassplitter fliegen durchs Klassenzimmer. Sie zerschneiden alles. Unbarmherzig. Keiner hat eine Chance. Nicht einmal Jan. Jan, der Meister. Seine arrogante Hülle fällt ab, und plötzlich ist er ganz klein.

Mensch, Rebecca, reiß dich zusammen! Du musst endlich lernen, dem Unterricht zu folgen. Träumereien über Regentropfen und Glassplitter bringen dich von deiner Fünf in Erdkunde auch nicht runter. Und dann kannst du die Versetzung abschreiben. Was kümmern dich schon Jan und seine Arroganz? Kann dir doch egal sein. Pass lieber auf, was Herr Hagen da vorne erzählt!

«Tja, das wär's dann für heute. Wiedersehen und schönes Wochenende!» Allgemeines Gemurmel ist die Antwort. Wie immer. Kurz vor der Tür dreht sich Herr Hagen noch einmal um: «Ach ja, Rebecca und Jan, kommt doch mal bitte kurz mit raus!»

Seufzend erhebt sich Rebecca, während Jan mit unbeteiligtem Gesicht nach vorne schlurft.

«Dass es mit euren Noten nicht so gut aussieht, wisst ihr selbst», beginnt Herr Hagen. «Da brauche ich nichts zu erzählen. Damit ich euch im Zeugnis noch eine Gnadenvier ge-

0177/87654321:

«Hä?»

ben kann, müsst ihr zusammen ein Referat über Indien halten. In zwei Wochen. Rebecca, hole doch bitte die Unterlagen nach der Schule bei mir ab. Also, bis dann.»

Heh, was soll das? Einverständnis wird vorausgesetzt, oder wie? Wie viele Regentropfen sind nötig, bis das Fass voll ist? Und überläuft und alles überschwemmt … niederreißt … und restlos zerstört?

Und Jan schaut immer noch, als ginge ihn das alles nichts an.

Ach so, Jan. Sag doch was, Rebecca! Er muss dich ja für einen Fisch halten.

Aber eigentlich könnte er auch etwas sagen.

Na und, was soll's? Probier's erst mal mit Freundlichkeit. Streiten kannst du in den nächsten zwei Wochen genug mit dem Deppen.

«Ja, wie machen wir das nun am besten?» Rebecca wendet sich Jan zu. Der zögert nur kurz. Dann gewinnt sein Gesichtsausdruck die übliche Überlegenheit zurück. «Vergiss es oder mach's allein. Ich jedenfalls hab was Besseres vor.»

Ohne ein weiteres Wort wendet er sich ab und geht.

Regen. Immer dieser verdammte Regen. Irgendwann wird sich das gesamte Wasser sammeln und in einer großen Flutwelle alles Lebendige mitreißen … zerstören … restlos … und während alle in rasender Angst flüchten, wird das Große plötzlich ganz klein …

O Gott, das klingt ja schon fast prophetisch. Bleib doch einmal mit deinen Gedanken bei der Sache. Was nun mit diesem blöden Referat? Das Material hast du auch nicht geholt. Toll! Gut gemacht! Irgendwie musst du dein Referat hinkriegen, auch wenn der werte Herr was Besseres zu tun hat.

0177/12345678:

«Oder willst du mir zur Abwechslung mal was Nettes sagen?»

Aber was soll das eigentlich heißen? «Etwas Besseres!» – Ist das etwa ein Grund? Da hakst du am besten noch einmal nach. Mann, Rebecca, das wäre doch gelacht, wenn du dich von so jemandem unterkriegen lassen würdest!

Am Nachmittag steht sie vor Jans Haustür. Eigentlich weiß sie gar nicht so recht, was sie überhaupt sagen will. Sie überlegt noch, will sich Worte zurechtlegen, da wird plötzlich die Tür aufgerissen. Ein Mann, vermutlich gerade auf dem Weg zur Arbeit, steht vor Rebecca und starrt sie verwirrt an.

«Herr Kramer?», fragt sie vorsichtig. «Ich heiße Rebecca und gehe mit Ihrem Sohn in die Klasse.» Der Gesichtsausdruck des Mannes wird noch eine Spur verwirrter. «Ist er da? Wir sollen gemeinsam ein Referat vorbereiten. Darum bin ich hier.»

«Mein Sohn? Ach so, Jan», murmelt er zerstreut vor sich hin. «Ja, ja, ... äh, geh ruhig rein.» Ohne ein weiteres Wort wendet er sich ab und geht.

Auch die nächste Sintflut wird kommen. Wird alles mit sich reißen. Ohne Ausnahme. Auch deine verworrenen Gedanken wird sie mitnehmen. Sie werden sich vermehren und im dreifachen Ausmaß auf dich zurückprallen.

Das wird ja immer schlimmer. Anstatt so einen Blödsinn zu denken, könntest du auch hineingehen. Es hat ja wohl keinen Sinn, stundenlang vor der offenen Tür zu stehen und Löcher in die Luft zu starren. Sagt Jan.

Jan?

Tatsächlich. Jan. Er lehnt im Türrahmen und mustert sie abschätzend. «Stell dich nicht so an, komm rein! Du bist ja total durchnässt!»

Seine Stimme und sein Blick sind so böse, dass Rebecca am

0177/87654321:

«Ich ... ich wollt eigentlich nur eben sagen, dass ich heut ein bisschen später komm. Nur damit du Bescheid weißt.»

liebsten sofort wieder gegangen wäre. Trotzdem überwindet sie sich. «Jan!», krächzt eine schwache Stimme hinter einer geschlossenen Zimmertür. «Wer ist gekommen?»

«Das ist meine Mutter», erklärt Jan. «Sie ist krank. Und ich will nicht, dass jemand in der Schule das erfährt. Ich will kein Gerede. Auch kein Mitleid. Deshalb wollte ich nicht, dass du kommst. Und meine Mutter allein lassen kann ich auch nicht. Ich muss jetzt auch gleich zu ihr.»

Rebecca ist allein.

Wie Regentropfen trommeln die Wörter. Jedes Wort ein leiser Schrei. Und in der Summe bleibt die Sintflut.

Was sagst du jetzt? Ein völlig verwirrter Vater, der allem Anschein nach keinen vernünftigen Gedanken fassen kann. Eine schwer kranke Mutter. Damit hast du nicht gerechnet. Klingt alles wie ein schlechtes Märchen. Nur, dass das Happy End wohl verloren gegangen ist. Tja, Rebecca, was machst du nun?

Diese Entscheidung nimmt Jan ihr ab.

«Wenn du schon einmal da bist, können wir auch arbeiten. Hast du die Unterlagen dabei?» Trotz seines unfreundlichen Tones muss Rebecca lachen. «Nein, um ehrlich zu sein, die hat immer noch Herr Hagen.»

Jetzt muss auch Jan grinsen. «Gut, dann verschieben wir das auf Montag.» Nach kurzem Schweigen beginnt er zögernd: «Ich habe Kaffee gemacht. Möchtest du vielleicht …» Mitten im Satz stockt er, wendet sich ab und geht …

Diese Schüchternheit! Diese Verlegenheit! Bei Jan ist das so fremd. Mit einem Mal ist der Große ganz klein. Die Sintflut verzieht sich langsam. Mit der Zeit wird sie unnötig. Irgendwo versinkt ein Märchenschloss im Nebel. Die erlösten Prinzen existieren längst

«Jetzt kommst du also doch?»

nicht mehr. Denn die haben ihr Zuhause in der Kindheit. Wenn es regnet, enden die so gut bekannten Märchen alles andere als gewöhnlich.

Was zögerst du noch? Geh ihm nach in die Küche! Er wird schon nicht beißen. Deinen Kaffee wird er nicht vergiften. Warum um alles in der Welt hast du Angst? Weil er so fremd ist? So weit weg, so anders – ach, denk nicht so viel. Geh ihm einfach nach.

«Super, dein Kaffee», sagt Rebecca in der Küche

Und Jan? Der kann sogar lächeln. Als Rebecca sich abends verabschiedet, sagt er: «Mit dir kann man richtig gut reden. Ich freue mich schon auf Montag.» Vom Küchenfenster aus sieht er ihr nach, wie sie die Straße entlang läuft und im Regen verschwindet.

Langsam lässt er nach. Der Regen. Die Sintflut hat sich längst wieder hinter dem Berg verkrochen. Ganz langsam. Ganz leise. Fast niemand hat es bemerkt.

Unglaublich, wie viele Dinge an einem Tag passieren können! Hätte dir gestern jemand gesagt, dass du zu ihm gehen wirst, hättest du ihn ausgelacht. Und jetzt – ja, jetzt freust du dich auf Montag. Und wunderst dich nicht einmal ...

0177/87654321:

«Ja, wieso denn nicht?»

Veronika Faustmann Post für dich

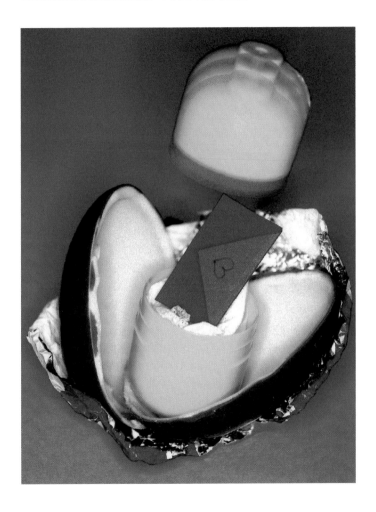

«Na, wegen unserm Streit ...»

Julia Jablinski

Eine Stunde und fünfzehn Minuten oder Dreiunddreißig Fragen

Es ist sechs Uhr und dreiundfünfzig Minuten. Jetzt geht in seinem perfekt abgedunkelten Zimmer das Radio an. Exakt um sechs Uhr und dreiundfünfzig Minuten, damit er hellwach ist, wenn die Nachrichten um fünf Minuten vor sieben beginnen.

Ich weiß das so genau, weil ich zehn Jahre lang mit ihm ein Doppelbett geteilt habe. Seit drei Tagen schlafe ich in meinem alten Zimmer bei meinen Eltern. Einfach etwas Abstand zu allem und so weiter, um der Beziehung einen neuen Kick zu geben. *Ich melde mich*, mit den Worten habe ich mich an dem Morgen vor drei Tagen von ihm verabschiedet. Es hat ihn nicht gewundert. Natürlich versteht er das, sieht es auch so. *Bis dann.*

Ich drehe mich zur Seite und taste im Halbschlaf nach meinem Radio. Werbung, dann die monotone Stimme des Nachrichtensprechers. *Blablabla*, dann die Wettervorhersage.

Er schlägt die Decke zurück und schaltet das Radio aus. Wettervorhersagen sind Humbug, behauptet er.

Ich schiele zur Leuchtzifferanzeige an meinem Radio. Sieben Uhr und drei Minuten.

Er zieht den Rollladen vor seinem Fenster hoch und öffnet es.

Sieben Uhr und vier Minuten, er macht seine Morgengymnastik.

0177/87654321:

«Welcher Streit denn? In welchen Film wir heut Abend gehn?»

20 Liegestütze, 15 Kniebeugen, keine mehr, keine weniger, und Dehnübungen.

Genau das Richtige, um wach zu werden.

Ich ziehe die Bettdecke über den Kopf und höre mein Radio immer noch vor sich hin dudeln.

«Es ist zehn Minuten nach sieben», flötet eine Frauenstimme aus den Lautsprecherboxen.

Er muss jetzt schon im Bad sein. Ich stelle ihn mir vor, wie er die Zahnpastatube aufschraubt, genau bemessen eine kurze Wurst auf den Zahnbürstenkopf drückt, sie dann wieder zuschraubt.

Er hasst offene Tuben.

Er dreht die Sanduhr um und beginnt seine Zähne zu schrubben. In kreisenden Bewegungen. Genau drei Minuten, bis der Sand durchgelaufen ist.

Ich schlage die Decke zurück.

Sieben Uhr und fünfzehn Minuten, verkündet die Anzeige auf meinem Radio.

Heute ist Freitag. Das heißt, er duscht heute nicht. Er duscht nur dienstags, donnerstags und sonntags, also begibt er sich jetzt vom Bad in die Küche.

Ich schlurfe ins Bad und werfe mir kaltes Wasser ins Gesicht, um wach zu werden, dann stelle ich mich unter die heiße Dusche.

Er wird wohl in der Zwischenzeit sein Frühstück vorbereiten.

Eine Tasse Schwarztee mit zwei Stück Würfelzucker, ein halbes Brötchen mit Marmelade, ein halbes Brötchen mit Käse, ein Fünfdreiviertel-Minuten-Ei.

Kein Mensch isst Fünfdreiviertel-Minuten-Eier.

0177/12345678:

«Nein, per sms.»

Ich gehe zurück in mein Zimmer, ziehe den Rollladen hoch.

Dann stehe ich eine Weile vor dem Kleiderschrank und überlege, was ich anziehen werde.

«Fünf Minuten vor halb acht», verkündet die Frauenstimme im Radio.

Er zieht den Bademantel über und holt die Zeitung aus dem Briefkasten, legt sie neben das Frühstück auf den Tisch in seiner Küche.

Ich stehe immer noch ratlos vor meinem Kleiderschrank.

Er geht in sein Zimmer und kleidet sich an. Heute ist Freitag, das heißt, über seinem Stuhl neben dem Bett hängen die blaue Hose und das rote Seidenhemd.

Ich entscheide mich für meinen Lieblingspulli und eine ausgewaschene Jeans. Sieben Uhr dreiunddreißig.

Er betrachtet sich prüfend im Spiegel, dann geht er in die Küche und setzt sich an den Tisch.

Ich hole meine Zeitung aus dem Briefkasten.

Er schenkt sich eine Tasse Tee ein.

Ich lasse mich auf mein Bett plumpsen und starre auf die Leuchtzifferanzeige meines Radios.

Sieben Uhr und fünfunddreißig.

Er schlägt die Zeitung auf. Zuerst den Politikteil. Er liest den Leitartikel, dann die anderen Artikel. Den Kommentar liest er nicht.

Sieben Uhr fünfundvierzig.

Er blättert weiter.

Ich blättere auch weiter.

Sieben Uhr fünfundfünfzig.

Er liest die Überschriften von «Blick in die Welt».

Sieben Uhr siebenundfünfzig.

0177/87654321:

«Hä?»

Jetzt, jetzt schlägt er die Anzeigen auf.

Ich blättere.

Zuerst die Todesanzeigen. Er kennt niemanden, denn ich kenne auch niemanden, und ich weiß, wen er kennt.

Dann die Stellenangebote. Er sucht keine Arbeit, aber er liest sie trotzdem.

Ich überfliege sie.

Sieben Uhr neunundfünfzig.

Er blättert weiter. Ich auch.

«Vermischtes» kommt jetzt an die Reihe.

Ich suche die Seite ab und – jetzt, jetzt sieht er es.

Teste dein Wissen, liest er als fett gedruckte Überschrift.

Er wird weiterlesen. Da bin ich mir sicher. Er hält sich für intelligent, um nicht zu sagen allwissend, und lässt keine Möglichkeit aus, sich zu bestätigen.

Lies bitte die Fragen der Reihe nach durch.

Er liest die fett gedruckte Anweisung. Ich lese sie auch. Jetzt wagt er sich an den Text – auch ich tue das.

Wusstest du, dass die Erde einer von neun Planeten in unserem Sonnensystem ist? Und dass ihre Oberfläche zu 70 % aus Wasser besteht?

Wusstest du, dass zwischen Europa und Afrika das Mittelmeer liegt? Ja?

Kennst du die Hauptstadt von Deutschland?

Und weißt du, wer Bundeskanzler ist?

Hast du gewusst, dass ca. 80 Millionen Menschen in der Bundesrepublik Deutschland leben?

Und hast du schon mal etwas von neuer Armut und Generationenkonflikt gehört? Ja?

Weißt du, wer in Baden-Württemberg bei der letzten

0177 / 12345678 :

«Sag mal, was hast du heut den ganzen Tag gemacht?»

*Landtagswahl gewonnen hat? Und kennst du den Bürger-
meister von Stuttgart?*

Weißt du, wo der nächste Zigarettenautomat ist?

Und kennst du den Spritpreis bei der Tankstelle um die Ecke?

Kennst du den schnellsten Weg zum Supermarkt?

Und weißt du noch, wie oft wir dort eingekauft haben? Ja?

*Kannst du dich an die Gartenbank vor meiner Haustür
erinnern? Und weißt du noch, wie wir uns dort das erste
Mal begegnet sind?*

Weißt du noch, was du zu mir gesagt hast?

Und kennst du meine Lieblingsfarbe?

*Und weißt du noch, wie du mir geholfen hast, mein Zimmer
zu streichen? Ja?*

Sag, kannst du noch in meinen Augen lesen?

*Und weißt du, was ich sagen will, bevor ich den Mund
aufmache?*

Weißt du noch, wie herrlich wir miteinander gelacht haben?

Und kannst du dich an unsere ernsten Gespräche erinnern?

Weißt du, was ich am liebsten mit dir getan habe?

Und weißt du, was ich am meisten an dir geliebt habe?

*Und wie sehr mir dein Ordnungswahn auf die Nerven geht?
Ja?*

Weißt du, was ich dir eigentlich sagen will?

ES IST AUS. ICH MACHE SCHLUSS.

Es überrascht dich?

Ja?

Dich kann etwas überraschen?

*Dich, der du dein Leben bis ins Detail geplant hast und alle
Eventualitäten mit einkalkulierst?*

0177/87654321:

«Ich hatte bis jetzt grade Vorlesung.»

*Dich, der du so viel weißt und kennst und dich an alles
erinnern kannst?*

*Dich, der du glaubst, hinter jede Fassade blicken zu können,
und der du so überzeugt von deiner Menschenkenntnis bist?*

Dich überrascht das?

Tja.

*Diesen Text, lieber Ingo Meyer, habe ich, Tina Eckberg,
für dich verfasst. Ich hoffe, damit ist die Sache geklärt.*

Ich lege die Zeitung beiseite. Atme tief durch.

Das also wäre erledigt.

Es ist acht Uhr und acht Minuten.

*«Oh … oh … Ich hab mich grade von einem Unbekannten
getrennt. Wie war nochmal deine neue Handynummer?»*

Die Jury-Mitglieder

Katrin Bergann, stellvertretende Chefredakteurin Brigitte
YOUNG MISS
Anne Coppenrath, Chefredakteurin Brigitte YOUNG MISS
Karen Duve, Schriftstellerin
Jule Husmann, Art-Directorin Brigitte YOUNG MISS
Susanne Koppe, Leiterin der Redaktion Rotfuchs im Rowohlt
Taschenbuch Verlag
Christina Modi, langjährige Buchherstellerin im Rowohlt
Taschenbuch Verlag, freie Buchgestalterin und Kalligraphin
Peter Wippermann, Trendforscher und Kommunikationsdesigner,
Trendbüro Hamburg

Verzeichnis der Autorinnen und Autoren, Fotografinnen und Fotografen

Alt, Svenja, 17 Jahre, Schülerin

Aufschnaiter, Monika von, 25 Jahre, diplomierte Betriebswirtin, arbeitet in einer Internetagentur, möchte später mehr schreiben, *2. Platz Texte / ab 20*

Babuder, Anna, 15 Jahre

Balke, Jean, 24 Jahre, studiert Kommunikationsdesign

Berger, Yvonne, 20 Jahre, macht eine Ausbildung als Fotografin

Boontjes, Arnica, 17 Jahre, Schülerin

Broders, Simone, 22 Jahre, studiert Englische Philologie, Linguistische Informatik und Italoromanische Philologie

Dirks, Janna, 21 Jahre, studiert Kommunikationswissenschaften in Groningen (NL)

Dohnt, Christiane, 15 Jahre, besucht eine Realschule und schreibt gelegentlich für die Zeitung, *3. Platz Texte / bis 20*

Eisele, Sabrina, 17 Jahre, Schülerin, möchte Schriftstellerin werden, *2. Platz Texte / bis 20*

Faustmann, Veronika, 19 Jahre, macht eine Ausbildung als Fotografin

Frohwein, Stefanie, 18 Jahre, Schülerin, 3. *Platz Fotografie / Anfänger*

Grone, Tina, 24 Jahre, studiert Architektur. Dies ist ihre erste Kurzgeschichte, *3. Platz Texte / ab 20*

Günkel, Miriam, 13 Jahre, Schülerin

Haller, Dorothee, 16 Jahre, Schülerin

Hassenpflug, Katrin, 19 Jahre, möchte Fotodesign studieren

Hecklau, Rebecca, 22 Jahre, möchte im nächsten Jahr eine Ausbildung zur Fachkraft für Verlagstechnik beginnen

Hofer, Daniel, 29 Jahre, studiert Fotodesign

Hoffmann, Maria, 22 Jahre, studiert Bildende Kunst mit Schwerpunkt Fotografie

Höhne, Judith, 24 Jahre, bereitet sich im Moment auf das Fotodesign-Studium vor, *2. Platz Fotografie / angehende Profis*

Holch, Andreas, 22 Jahre, studiert BWL

Jablinski, Julia, 16 Jahre, Schülerin, *1. Platz Texte / bis 20*

Jehle, May, 19 Jahre, Schülerin,

Klages, Christopher, 21 Jahre, studiert Sozialwesen

Klose, Jasmin, 25 Jahre, studiert Kommunikationsdesign,
3. Platz Fotografie / angehende Profis

Kluge, Sarah, 17 Jahre, Schülerin

Kozma, Ramona Diana, 18 Jahre, Schülerin

Kraske, Michael, 28 Jahre, Teilnehmer des 24. Lehrgangs der
Henri-Nannen-Schule

Krewinkel, Julia, 20 Jahre, möchte nach ihrem Au-pair-Jahr in
Florenz Kulturwissenschaften studieren, *1. Platz Texte / ab 20*

Kunz, Andrea, 18 Jahre, Schülerin

Lange, Dörte, 22 Jahre, studiert Kunstgeschichte, *1. Platz Fotografie /
Anfänger*

Lauterbach, Nadja, 17 Jahre, Schülerin, möchte nach dem Abitur
Musik oder Literatur studieren

Lenz, Georg, 28 Jahre, studiert Fotografie und Medien, *1. Platz
Fotografie / angehende Profis*

Linn, Meike, 17 Jahre, Schülerin, möchte Fotografie studieren

Lohmann, Sonja, 15 Jahre, möchte nach dem Realschulabschluss
Hotelfachfrau werden

Meyer, Sonja, 17 Jahre, Schülerin, möchte Fotografie studieren

Mörsdorf, Melina, möchte Fotografie oder Kreatives Schreiben
studieren

Proyer, Jakob, 23 Jahre, studiert Skulptur in Amsterdam

Schüler, Juliane, 20 Jahre, studiert Französistik

Schwarz, Simone, 18 Jahre, Schülerin

Splittstößer, Sonja, 16 Jahre, Schülerin

Steinborn, Mirjam, studiert Grafikdesign

Sutter, Ilona, 18 Jahre, macht eine Ausbildung als Friseurin,
2. Platz Fotografie / Anfänger

Szanto, Attila, 25 Jahre, studiert Fotodesign

Tretau, Anne-Kathrin, 18 Jahre, Schülerin

Wübbeling, Jasmin, 21 Jahre, macht eine Ausbildung zur
Verlagskauffrau

Zu den «Fototeilchen» ▪ ▪ ▪ ▪ ▪ ▪ *als graphisches
Element inspirierte uns der Begleitbrief von Sonja Meyer.
Die Teilchen selbst stammen aus dem Foto von Jasmin Klose.*

Brigitte YOUNG MISS (Hg.)
Küss mich!
(20970)
Die Liebe in all ihren
Facetten – ein Lesebuch
rund um die Themen Flirten,
Verlieben, Sex und Trennen.
Die schönsten Beiträge aus
der YOUNG MISS sind hier
versammelt sowie Kurzge-
schichten von Françoise
Cactus, Zoran Drvenkar,
Alexa Hennig von Lange,
Benjamin von Stuckrad-
Barre und anderen.

Brigitte YOUNG MISS (Hg.)
Was ist Liebe?
(21147)
Hunderte von Leserinnen
und Lesern der YOUNG
MISS haben die Liebe in
Geschichten, Gedichten und
Fotos gezeigt und beschrie-
ben. Die schönsten Beiträge
des großen Schreib- und
Fotowettbewerbs sind hier
versammelt und reichen von
fröhlich und frech bis
tiefgründig und traurig: Wie
die Liebe eben sein kann.

Brigitte YOUNG MISS (Hg.)
**Das Leben steckt voller
Überraschungen**
(21168)
Nach dem ersten erfolgrei-
chen Wettbewerbsbuch
«Was ist Liebe?» kommen
wieder junge Autoren und
Fotografen zum Zug, dies-
mal mit dem spannenden
Thema «Überraschungen».
Alltagsgeschichten stehen
neben Phantasiegeschichten,
Fotomontagen neben
Schnappschüssen.